<그리스도인이면 꼭 알아야 할 성경 지식>

마태복음

제4권 천국에 들어갈 수 없는 사람들(18-23장)

서울솔로몬학교 성경연수원

차 례

이 책에 인용된 성경 구절은 〈한글킹제임스성경〉입니다.

제1과
어린아이와 같이 되어야 들어가는 천국(18장)

『말씀하시기를 "진실로 내가 너희에게 말하노니, 너희가 회심하지 아니하고, 또 어린아이들과 같이 되지 아니하면 결코 천국에 들어가지 못하리라』(마 18:3).

미혹하는 영들

한때 미국의 주일학교 사역을 주도했던 C.G. 트럼블 박사에게는 어린 딸 하나가 있었다. 어느 날 주일학교에서 돌아온 딸이 좀 이상하다는 표정으로 아빠인 트럼블 박사에게 이렇게 말했다. "아빠, 오늘 교회 주일학교 선생님께서 '여러분도 어른이 되면 예수님을 믿을 수 있습니다.'라고 말씀하셨는데, 저는 도저히 이해하지 못하겠어요. 저는 아직 어리지만 벌써 오래전부터 예수님을 제 구주로 믿고 있었거든요. 어제도 제 친구와 함께 방문을 닫고 예수님께 간절히 기도를 드렸는 걸요."

어린 시절에 구원받은 아이들, 어린 시절부터 하나님의 말씀을 최종권위로, 또 절대적인 권위로 믿는 아이들, 어렸을 때부터 성경적 가치관을 가지고 하나님의 말씀을 있는 그대로 믿고 살아가는 아이들, 그래서 어렸을 때부터 하나님께서 기뻐하시는 것을 기뻐하고, 하나님께서 싫어하시는 것을 싫어하는 아이들, 하나님께서 원하시는 일들만을 추구하고, 하나님께서 가증스럽게 여기시는 것은 과감하게 버리는 아이들, 바로 그런 성경대로 믿는 인재들을 우리는 계속해서 길러 내야 한다. 더 이상 인재가 길러지지 않는 교회, 더 이상 복음 전파자나 설교자나 성경 교사가 나오지 않는 교회를 상상해 본 적이 있는가? 그것만큼 비참한 교회도 없다. 그런 교회는 사실 교회도 아니다. 초림 당시 예수 그리스도께서는 그분께 나아오는 어린아이들을 가로막는 제자들을 꾸짖으시면서 이렇게 말씀하셨다. 『**어린아이**

들이 내게 오는 것을 허락하고 금하지 말라. 하나님의 나라가 이런 자들의 것이니라. 진실로 내가 너희에게 말하노니, 누구든지 하나님의 나라를 어린아이처럼 영접하지 않는 자는 결코 그곳에 들어가지 못하리라』(눅 18:16,17).

어린아이에 관한 설교(1-10절)

"천국"(Kingdom of Heaven)은 눈에 보이는 물리적이고 정치적인 왕국으로서 마태복음에만 나오는 용어다. 이는 마태복음이 "유대인의 왕"이신 예수 그리스도께서 다윗의 보좌에 앉으시어 물리적이고 정치적인 왕국인 "천국"을 다스리시는 것에 관하여 다루는 책이기 때문이다. 당시 제자들이 이러한 왕국과 관련하여 『**천국에서는 누가 가장 크니이까?**』(1절)라고 질문했을 때, 주님께서는 "어린아이"를 통해 답변하셨다(2-5절).

우선 "천국에 들어가기 위한 조건"을 말씀하셨는데(3-5절), "회심"하고 "어린아이들과 같이" 되어야 물리적인 왕국인 천국에 들어갈 수 있다고 대답하신 것이다(3절). 어린아이들과 같이 되어야 한다는 말씀은 "어린아이들과 같이 낮아지고"(4절) "예수 그리스도의 이름으로 어린아이를 영접하는 것"(5절, cf. 마 10:40-42; 25:37-40)을 의미한다. 이것은 "**행위 구원**"으로서 "**교리적으로는**" 교회 시대에 적용할 수 없고, "**초림 당시**"는 물론, 교회의 휴거 이후에 펼쳐질 "**환란 시대**"와 예수 그리스도의 재림과 더불어 전개될 "**왕국 시대**"에 적용된다. 또한 "**천국에서 가장 큰 자가 될 수 있는 조건**"도 말씀하셨는데(4절), 천국에 들어가기 위한 조건과 마찬가지로 어린아이들과 같이 자기를 낮추어야 한다.

이 내용을 "영적으로" 교회 시대에 적용해 보면, 어린아이처럼 마음이 겸손한 상태가 되지 않고서는 예수 그리스도를 마음으로 믿으려 하지도 영접하려 하지도 않는다는 것으로 적용해 볼 수 있다. 자기 의로 가득 찬 교만한 죄인이 예수 그리스도를 구주로 영접할 리 만무하다. 겸손한 마음이 되어야 자신이 죄인임을 시인하고 구주의 필요성을 인정하게 되는 것인데, 다시 말해 어린아이처럼 순수하고 겸손하게 예수 그리스도를 믿음으로써 구원받게 되는 것이다.

선악 간에 지식이 없어서 선과 악을 구별조차 할 수 없는 나이의 "어린아이"는 양심에 따라 판단을 받을 수 있는(롬 2:12-15) 근거마저 없기에, 설령 죄인으로 태어났더라도 "죄에 대한 책임"을 물을 수 없다. 따라서 그런 어린아이는 예수 그리스도를 믿지 않고 죽는다 해도 지옥에 가지 않고 하늘나라에 간다. 이는 어린아이가 천국에서는 합당한 자로 불리기 때문이다(3절). "어린아이는 기본적으로 구원받는다는 진리"에 부합하는 실제 사례를 구약에서 찾아볼 수 있는데, 신명기 1:39과 사무엘하 12:23이 그것이다. 선과 악을 구별할 수 없는 아이들은 그들을 위해 십자가에서 죽으신 예수 그리스도의 피를 거부한 적도 없기에, 아무리 죄인으로 태어났을지언정 책임을 면제받아 구원을 받게 된다. 흔히 아이들이 "부끄러움"을 탈 나이가 되면(창 2:25; 3:10) 선과 악을 구별할 수 있는 상태가 되었다고 볼 수 있으므로, 그때부터는 반드시 아이들에게 복음을 전하기 시작해야 한다.

한편 예수님께서는 어린아이 하나를 실족하게 하는 것보다 차라리 "연자 맷돌"(millstone)을 목에 걸고 깊은 바다에 빠지는 것이 더 낫다고 말씀하신다(6절). "실족하다"(offend)는 말은 "완전히 범죄하는 것"을 의미한다. 어린아이를 실족하게 하거나 자기 자신이 실족하는 일에 있어서, 그런 일이 일어나는 것보다는 차라리 연자 맷돌을 목에 걸고 바다에 빠지는 것이 더 낫고, 손이나 발을 잘라 버리거나 눈을 뽑아 버리는 편이 더 낫다고 명령하는 것은 단순히 "영적인 개념"으로 이해하면 안 되고 "**문자적이고 실제적인 개념**"으로 이해해야 한다. **즉 "교리적으로" 실제로 그렇게 행해야 하는데, 이것이 바로 물리적인 왕국인 "천국"에서 반드시 지켜야 할 "엄격한 왕국의 법"인 것이다.**

『실족케 하는 일로 인하여 세상에는 화가 있도다! 실족케 하는 일이 일어나는 것은 어쩔 수 없는 일이라 하여도 실족케 하는 그 사람에게는 화가 있도다!』(7절) 본문의 요지는, 이 세상에서 "누군가를 실족하게" 하거나 "누군가에 의해 실족 당하는" 일은 피할 수 없는 현실이라 하더라도 그렇게 실족하게 만드는 "주체"나 실족을 당하는 "당사자"가 꼭 "자기 자신"일 필요는 없다는 것이다. 분명히 이 악한 현 세상에서 누군가는 죄를 지을 수밖에 없고, 그 죄로 인한 재앙도 발생할 수밖에 없다. 분명 누군가는 지옥에 가게 되어 있다. 그러나 그렇게 할지 안 할지에 대한 선택은 철저하게 "개인의 자유의지와 선택"에 달려 있은즉, 자신의 자유의지로 누군가를 실족하지 않게 하고, 또 누군가가 자신을 실족시키려 할 때 자유의지로 그것을 거부함으로써 실족하지 않으면 되는 것이다. 자신이 예수 그리스도를 구주로 믿고 영접함으로써 지옥에 안 가면 되는 것이다!

이제 예수님께서는 어린아이에 관한 설교를 마치시면서 이렇게 말씀하신다. **『너희는 이런 어린아이들 중에 하나라도 업신여기지 않도록 주의하라. 내가 너희에게 말하노니, 하늘에 있는 그들의 천사들이 항상 하늘에 계신 나의 아버지의 얼굴을 뵙고 있느니라』**(10절). 이 땅에 있는 어린아이를 반영하고 나타내 주는 "영적인 존재," 곧 "천사"가 저 하늘에서 아버지 하나님의 얼굴을 뵙고 있는 것인데, 이는 "천사"의 의미가 "현현"(appearance)이기 때문이다. 로마카톨릭의 주장처럼 이 땅에 어린아이를 보호하는 "수호천사"가 있는 것이 아니다.

잃어버린 양을 찾으시는 주님(11-14절)

성경에서 "양"은 기본적으로 "이스라엘"을 가리킨다. 구약에서는 이스라엘 백성이 "양"으로 자주 묘사되었고(렘 13:17,20; 23:1-3; 50:6,17, 슥 9:16; 10:2; 11:17; 13:7 등), 신약에서는 예수님께서 지치고 흩어진 이스라엘 백성을 목자 없는 양처럼 가엾게 여기셨다(마 9:36). 교회 시대의 그리스도인들도 "양"으로 묘사되지만(행 20:28, 벧전 2:25; 5:1-4), **이스라엘 백성은 잃어버린 상태이든, 잃어버리지 않은 상태이든 관계없이 항상 "하나님의 양"으로 불린다**. 양 100마리 가운데 우리 안에 있는 99마리의 양은 하나님 안에 안전하게 거하는 양들이고, 우리 밖에 있는 1마리의 양은 하나님의 백성으로부터 끊어져 잃어버린 바 되어 방황하는 양이다(12절). 초림 당시 "선한 목자"이신 예수 그리스도께서는 그 양을 찾으셨으며, 그 양을 찾으셨을 때 매우 기뻐하셨다(13절). 왜냐하면 『**인자가 온 것은 잃어버린 자를 구원하려는**』(11절) 것이기 때문이다.

지역 교회 안에서 행해지는 징계의 원칙(15-20절)

교회 안에서 누군가가 죄를 지었다면 반드시 "책망"하고(딤전 5:20), 온유의 영으로 "바로잡아야" 한다(갈 6:1). 이처럼 죄를 지은 성도가 있을 때는 먼저

"**개인적으로**" 찾아가서 그의 잘못을 일깨워 주어야 하는데, 이때 그가 그 권면을 듣고 돌이키면 그 형제를 잃어버리지 않고 얻는 것이 된다(15절). 권면을 받아들이지 않았을 때는 한두 사람을 더 데리고 가서 "**두세 증인**"의 입으로 모든 말을 입증하고(16절), 그래도 말을 듣지 않을 때는 "**교회**"에 말하고, 교회의 권면도 듣지 않는다면 그 사람을 교회에서 "**쫓아내야**" 한다(17절). 사도 바울도 그런 사람을 쫓아내야 한다고 강력하게 권면했는데(고전 5:2), 징계 차원에서 그 사람을 반드시 출회해야 하는 것이다. 특히 성경은 그렇게 쫓아낸 자들을 『**이교도나 세리와 같이 여기라.**』(17절)라고 명령한다. 즉 "**구원받지 않은 사람**"(이교도)처럼, 또 초림 당시의 "**상종하지 못할 죄인**"(세리)처럼 취급하라는 것이다. 그런 자들과는 함께 먹지도 말아야 하는 것이다!

『내가 너희에게 쓴 편지에는 음행하는 자들과 사귀지 말라고 하였으나 이는 이 세상의 음행하는 자들이나 탐욕하는 자들이나 약탈하는 자들이나 우상 숭배하는 자들과 전혀 함께하지 말라는 것이 아니니 그렇게 하려면 너희가 세상 밖으로 나가야 할 것이니라. 그러나 이제 내가 너희에게 쓰는 것은 만일 형제라고 하는 어떤 자가 음행을 하는 자거나 탐욕하는 자거나 우상 숭배하는 자거나 욕설하는 자거나 술 취하는 자거나 약탈하는 자이거든 사귀지도 말고 그런 자와는 함께 먹지도 말라는 것이라. 밖에 있는 자들을 판단하는 것이야 내게 무슨 상관이 있으리요마는 안에 있는 사람들이야 너희가 판단하지 아니하겠느냐? 밖에 있는 자들은 하나님께서 판단하시나니 그러한 악한 사람은 너희 가운데서 쫓아내라』(고전 5:9-13).

이렇듯 하나님께서는 지역 교회에서 내린 "징계와 관련한 조치"를 그대로 승인해 주시는데, 이는 『**진실로 내가 너희에게 말하노니, 무엇이든지 너희가 땅에**

서 묶으면 하늘에서도 묶일 것이요, 또 무엇이든지 너희가 땅에서 풀면 하늘에서도 풀어지리라.』(18절)라고 말씀하기 때문이다. 이러한 "권세"가 처음에는 "베드로"에게 주어졌었고(마 16:19), 본문에서는 "다른 사도들"에게 주어지고 있으며(마 18:18), 교회 시대에는 "지역 교회"에 주어져 있다. 그래서 이어지는 문맥에서(19,20절) "지역 교회의 단순한 형식"이 언급되는 것이다. "지역 교회"는 두세 사람이 "예수 그리스도의 이름으로" 모여 있는 곳인데, 그렇게 모여서 예수 그리스도의 이름으로 경배하고 말씀을 듣고, 예수 그리스도의 이름으로 기도해야 한다(요 16:23,24). 『**만일 너희 중의 두 사람이 무엇이든지 구할 것을 두고 땅에서 합심하면, 하늘에 계신 나의 아버지께서 그들에게 이루어 주실 것이라**』(19절).

용서의 원칙(21-35절)

그렇다면 지역 교회에서 죄를 짓고 쫓겨난 성도가 진심으로 회개했다면 어떻게 해야 하는가? 우선 죄는 하나님을 거역하여 지은 것이기에, 죄를 지은 그 당사자는 반드시 하나님 앞에서 그 죄들을 진심으로 자백하고(요일 1:9) 회개하며(고후 12:20,21) 온전히 돌이켜야 한다. 또한 그렇게 했다는 "분명한 간증"을 나타내 보일 수 있어야 한다.

이렇듯 진심으로 돌이킨 성도가 있다면, 지역 교회는 그를 진심으로 용서하고 다시 형제자매로 받아들여야 한다. 말은 용서했다고 하면서도 여전히 그를 향해 시큰둥하게 반응하고 있다면 그것은 진심으로 용서한 것이 아니다(삼하 14:24,28). 용서하고자 한다면 진심으로 용서하고 위로해 주어야 죄에서 돌이킨 성도가 더 심한 슬픔에 빠지지 않을 수 있다. 이렇게 심한 슬픔이 때로는 그 사람의 좌절과 낙심으로 이어지며, 때로는 분노와 복수심으로 이어지기도 한다.

따라서 가장 중요한 것은, 책망도 좋고 위로도 좋고 용서도 좋지만, 정말로 "그 성도를 향한 사랑"이 있는지 확인해야 한다(고후 2:8-10). **만일 마땅히 해야 할 용서를 하지 않으면 사탄이 그 틈을 활용하여 "상당한 유익"을 취해 갈 수 있다는(고후 2:11) 사실을 유념해야 한다**. 사탄은 마땅히 용서받아야 할 성도의 마음속에 증오와 미움으로 가득 차게 함으로써 평생 서로 간에 교제가 단절되게 하여 "그리스도의 몸"인 "교회"를 병들게 하고 파괴할 것이다. 용서하지 않는 마음은 커다란 암 덩이처럼 평생 우리를 따라다닌다. 그래서 바울은 이렇게 권면한다. 『**모든 겸손과 온유와 오래 참음과 사랑 가운데서 서로 용납하고 화평의 띠 안에서 성령의 하나 됨을 지키도록 열심히 노력하라**』(엡 4:2,3).

특히 예수 그리스도께서는 하루에 『**일흔 번씩 일곱 번까지**』(22절)라도 용서해 주어야 한다고 말씀하셨는데, 다만 죄를 지은 그 성도가 진심으로 "회개했다는"(눅 17:3,4) 전제 조건하에서만 그렇게 용서해야 한다. 이러한 "**용서의 원칙**"과 관련하여 주님께서는 "천국의 비유" 하나를 드셨는데, 이름하여 "**불의한 종의 비유**"(23-35절)이다. 이 비유에서 "왕"(23절)으로 불리는 "주인"(25절)은 "주"(26절)이신 "**하나님**"이시고, 왕이 계산하고 있는 "종들"은 "**유대인 종들**"(마 25:14-30, "달란트의 비유")이다.

우선 왕에게 "1만 달란트"를 빚졌지만 모든 금액을 탕감받은 종이 나오는데(24-27절), 그는 왕의 크신 자비를 받았음에도 불구하고, 그 모든 것을 잊은 것처럼 자기에게 "1백 데나리온"을 빚진 동료 종을 만났을 때 그를 붙들고 멱살을 잡고는 빚을 갚으라고 하면서 윽박질렀다(28절). 동료 종은 조금만 참아달라고 애원하면서 갚겠다고 말했지만, 채권자인 그 종은 채무자인 동료 종의 간청에 아랑곳하지 않고 그를 매정하게 감옥에 넣어 버렸다(29,30절). 그 안타까운 소식이 왕에게 전해지자, 왕은 그 불의한 종을 불러서 『**오 너 악한 종아, 네가 나에게 애걸하기에 나는 네가 진 모든 빚을 탕감해 주었노라. 내가 너를 가엾게 여김같이 너도 네 동료 종을 불쌍히 여기는 것이 당연하지 아니하냐?**』(32,33

절)라고 하면서 화를 냈고, 이후 그 불의한 종은 왕에게 진 빚을 다 갚을 때까지 형리들에게 넘겨졌다(34절).

이러한 비유를 통해 예수님께서 내리신 결론은 다음과 같다. 『**그러므로 이와 같이 너희들이 진심에서 우러나와 형제 각 사람을 그들의 잘못과 더불어 용서하지 않으면, 하늘에 계신 나의 아버지께서도 너희들에게 그렇게 하시리라**』(35절). 즉 유대인들이 하늘에 계신 아버지 하나님께 용서를 받으려면 동료 유대인들을 용서해야 한다는 것인데, 이것은 "**행위 구원**"이다. 왜냐하면 누군가를 용서하지 않으면 용서를 못 받기 때문이다(마 6:12-15). **따라서 이 비유는 "교리적으로" "환란 시대"와 지상에 세워질 물리적인 왕국인 "천국"에서 적용된다.** 특히 유대인 종들, 곧 "**하나님의 백성인 유대인들**"에게 적용되는 것이다.

반면에 교회 시대의 그리스도인들은 하나님의 용서를 받기 위해 사람들을 용서하는 것이 아니며, 이미 예수 그리스도의 보혈을 통해 용서를 받았기 때문에 사람들을 용서한다. 어떠한 행위가 없어도 예수 그리스도의 피를 통해 용서를 받았기 때문에 우리에게 저질러지는 형제자매들의 작은 허물 정도는 기꺼이 용서할 줄 알아야 한다. 『**너희는 서로 친절하고 다정다감하며 서로 용서하되 하나님께서 그리스도를 위하여 너희를 용서하신 것같이 하라**』(엡 4:32). **성경적 기독교 신앙은 "용서의 종교"다!** 예수 그리스도께서 십자가에서 하신 말씀은 『**아버지시여, 저들을 용서해 주옵소서. 그들은 자기들이 하는 것을 알지 못하나이다.**』(눅 23:34)였다. 세상 종교들은 자신이 직접 죗값을 치르려고 하지만, 참된 종교는 용서를 통한 구원을 선물한다. 용서는 하나님께 용서받은 성도들의 표식인 것이다!

■ 새롭게 깨달았거나 적용할 내용이 있다면 적어 보세요. ■

제1과
복습문제

1. 『말씀하시기를 "진실로 내가 너희에게 말하노니, 너희가 회심하지 아니하고, 또 어린아이들과 같이 되지 아니하면 결코 (　　　　　　)에 들어가지 못하리라』(마 18:3).

2. 현 "교회 시대"에 자신의 손과 발이 자신을 실족시키고 있다면, 성경의 명령 그대로 손과 발을 잘라 버려야 한다. (O , X)

3. 성경에서 "양"은 기본적으로 (　　　　　　　　　　)이다.

4. 『그러나 만일 그가 네 말을 듣지 아니하면 너 외에 한두 사람을 더 데리고 가서 두세 증인의 입으로 모든 말을 입증하게 하라. 그래도 그가 말을 듣지 아니하거든 교회에다 말하고, 교회의 말도 듣지 아니하거든 그 사람을 (　　　　　　)나 (　　　　　　)와 같이 여기라』(마 18:16,17).

5. 현 "교회 시대"에 하나님께 용서를 받으려면 반드시 옆에 있는 형제자매들을 용서해야 한다. (O , X)

■ 새롭게 깨달았거나 적용할 내용이 있다면 적어 보세요. ■

NOTES

제2과

결혼, 이혼, 재혼에 관한 주님의 가르침(19장)

『그후 예수께서 자기 제자들에게 말씀하시기를 "진실로 내가 너희에게 말하노니, 부자가 천국에 들어가는 것은 어려운 일이라』(마 19:23).

이혼에 관한 논쟁(1-15절)

"유대인의 왕"이신 예수 그리스도께서는 마지막 유대 사역을 위해 갈릴리 지역을 떠나 "유대 지경"으로 향하셨고 그곳에서 그분을 따르는 큰 무리를 고쳐 주셨다(1,2절). 십자가에서 죽으시기 전까지 계속해서 "왕의 표적"을 행하신 것이다. 그때 "바리새인들"이 예수님께 와서 『**사람이 무슨 사유로든지 자기 아내를 버리는 것이 타당하니이까?**』(3절)라고 물었는데, 이것은 "어떤 이유로도," 곧 "무조건적으로" 이혼해도 되는지를 묻는 말이었다. "모세의 율법"(신 24:1-4)은 "**조건적인 이혼**"에 관해 분명하게 말씀하는데도 그들이 이렇게 질문한 것은 예수님을 시험하기 위함이었다(3절). 이 질문에 대해 주님께서는 먼저 "**이혼은 금지된 것**"이라고 말씀하셨다(4-6절). 왜냐하면 하나님께서 둘을 한 몸으로 결합해 주신 것을(창 2:24) 사람이 임의로 나눌 수 없기 때문이다(6절). 기본적으로 이혼은 "**하나님의 뜻에 어긋나는 행위**"이다.

그러자 바리새인들은 『**그러면 어찌하여 모세는 이혼증서를 주어서 내어 버리라 명령하였나이까?**』(7절)라고 질문했는데, 사실 이것은 그들의 "육신의 정욕"을 정당화하려는 의도에서 나온 질문이었다. 이에 예수님께서는 "인간의 완고한 마음" 때문에 이혼을 "허락"한 것일 뿐 본래의 의도는 그것이 아니라고 답변하셨다(8절). 다시 말해 "음행"(9절, 신 24:1)이 드러났을 때만 이혼이 성립되고, 그 외의 이혼이나 그 이후의 결합은 "간음죄"로 간주되는 것이다(9절). 왜냐하면 "결혼"은 "몸과 몸의 결합"인데(창 2:24), "음행"은 그 몸의 결합을 깨트리는 죄이기(고전 6:16) 때문이다.

성경에는 "이혼"이 합법적으로 성립되는 "세 가지 사유"가 나오는데, "**배우자의 죽음**"(롬 7:1-3, 고전 7:39)과 "**배우자의 간음(음행)**"(9절, 고전 6:16) 그리고 "**배우자의 유기(버리고 도망감)**"(고전 7:15)이다. 이러한 상황에서는 이혼이 성렵되고 "재혼"을 해도 죄가 되지 않는다. 다만 재혼하되 "주님 안에서만" 해야 한다. 『**아내가 자기 남편이 살아 있는 동안에는 법에 매여 있으나 남편이 죽으면 자유롭게 되어 자기가 원하는 사람과 혼인하게 되나 주 안에서만 할 것이니라. 그러나 내 판단을 따라 그녀가 그대로 사는 것이 더 행복하리라. 나도 내가 주 하나님의 영을 받은 줄로 생각하노라**』(고전 7:39,40).

"이혼 증서"(Writing of Divorcement)에 해당하는 헬라어가 "βιβλίον ἀποστασίου"(배교한 성경, Apostate Bible)인데, 음행한 아내에게 이혼증서를 주듯이, 하나님께서는 배교한 교회들에 배교한 성경, 곧 변개된 성경을 주셔서 세상과 결합하여 음행을 저지르게 내버려 두신다.

예수님의 답변에 대해 제자들은 "엉뚱하게도" 『**만일 그 남자와 그의 아내와의 경우가 그런 것이라면 혼인하지 않는 것이 좋겠나이다.**』(10절)라고 말씀드렸는데, 이에 주님께서는 『**모든 사람이 다 이 말을 받는 것이 아니고, 이 말이 주어진 자들만이 받느니라.**』라고 말씀하셨다. 곧 기본적으로 "혼인"은 몸과 몸의 결합으로서 "하나님의 뜻"에 따라 주어진 것이지만, 처음부터 "고자"나 "불임"으로 태어난 사람들과 다른 사람들에 의해 "거세"되었거나 자기가 직접 거세한 사람들 그리고 "독신"으로 살면 하나님을 더 잘 섬길 수 있다고 여긴 사람들은 혼인하지 않는다. 그러나 그 외의 경우라면 "음행을 피하기 위해서라도" 결혼해야 한다(고전 7:2,9). 바울은 결혼할 수 있었고, 또 결혼할 권리가 충분히 있었지만(고전 9:5) 그에 관한 "적합한 은사"가 있어서 결혼하지 않았다(고전 7:7). 어리석은 "오리겐"처럼 스스로 "고자"가 되지는 않은 것이다.

그 무렵 예수 그리스도께서는 그분께 나아오는 어린아이들을 영접하셨고,

안수하시면서 기도해 주셨다(13-15절).

언젠가 "스티브"라는 이름의 한 어린 학생이 여름성경학교에서 첫날을 보내고 집으로 돌아왔을 때 엄마가 물었다. "얘야, 오늘 여름성경학교에 갔다 오니까 어떠니?" "아주 재미있었어요!" "그래, 오늘 뭘 배웠는데, 그렇게 재미있었던 거지? 엄마도 궁금하네." "네, 오늘 성경 공부 시간에 '저'에 대해 배웠어요." "너에 대해서 배웠다고, 글쎄 엄마가 알기로는 '스티브'라는 아이에 대해서는 성경에 안 나오는데." "알아요, 엄마! 그러니까 예수님께서 죄인들을 영접하셨다고 배웠는데, 그 죄인들과 함께 저, 스티브도 영접해 주셨다는 것을 배운 거예요." 다시 말해 자신이 죄인임을 인정하고 주님을 믿겠다고 주님께로 나아온 우리 한 사람, 한 사람을 예수님께서 영접해 주신 것이다!(요 6:37, 히 7:25)

어리석은 젊은 관원(16-26절)

"어떤 청년"(16,20절, "관원" - 눅 18:18)이 예수님께 와서 **『선한 선생님, 내가 영생을 얻으려면 어떤 선한 일을 해야 하리이까?』**(16절)라고 묻자, 주님께서는 **『어찌하여 네가 나를 선하다고 하느냐? 하나님 한 분 외에는 선한 이가 없느니라.』**(17절)라고 답변하셨다. 이것은 "하나님 한 분 외에는 선한 분이 없는데, 네가 나를 '선하다고 말한 것'은 네가 나를 '하나님'으로 인정하는 것이냐"라는 뜻이다. 말하자면 예수 그리스도의 신성을 보여 주신 답변인 것이다.

그런데 **『내가 영생을 상속받으려면 어떻게 하여야 하리이까?』**(막 10:17)라는 질문은 "교리적으로" 교회 시대에 해당하지 않는다. 왜냐하면 교회 시대에는 "영생을 상속받지 않기" 때문이다. "상속"은 유업을 받는 것과 연관이 있는데, 유업은 "행위"에 따른 보상이기에 "행위"와 연관된다. 그리스도인은 영원한 생명을 "선물"로 받지 "유업"으로 받지 않는다. 믿음에 따른 선물이지 어떤 보상으로 받지 않는 것이다. 그래서 교회 시대에 "영생을 얻으려면" 예수 그리스도를 믿기만 하면 된다. 행위와 전혀 관련이 없다! 그래서 이 시대에는 영생을 얻는 것과 연관하여 "행위를 결부시키는 질문"으로 묻지 않고, 『**내가 구원을 받으려면 어떻게 해야 하나이까?**』(행 16:30)라는 형식으로 질문한다. 이에 바울은 교회 시대의 구원 계획에 적합하게 답변해 준다. 『**주 예수 그리스도를 믿으라. 그리하면 너와 네 집안이 구원을 받으리라**』(행 16:31).

반면에 "초림 당시"는 "십자가 이전의 상황"으로서 믿음으로만 구원받는 시대가 아닌 "믿음과 행위로 구원받는 율법 시대"이기 때문에, 주고받는 질문과 답변이 교회 시대와 확연하게 구분된다. 그래서 젊은 관원이 『**영생을 얻으려면 어떤 선한 일을 해야 하리이까?**』(16절)라고 질문한 것이고, 이에 예수님께서는 "예수님을 믿으라"는 식의 답변 대신 율법 시대의 경륜에 맞게 오직 "행위"로 일관된 답변을 하셨다. 『**네가 생명으로 들어가기를 원한다면 계명들을 지키라... 살인하지 말라. 간음하지 말라. 도둑질하지 말라. 거짓 증거하지 말라. 네 아버지와 어머니를 공경하고, 네 이웃을 네 자신과 같이 사랑하라**』(17-19절). [참고로 "영원한 생명을 상속받는 것"은 초림 당시뿐만 아니라 "환란 시대"와 재림 때 이 땅에 세워질 물리적인 왕국인 "천국"에 해당하는 교리이다. 즉 환란 시대에 천국으로 들어가기 위해서는, 곧 구원을 받기 위해서는 믿음뿐만 아니라 그에 따른 인내의 행위가 요구되고(계 12:17; 14:12), 천년왕국 기간에도 사람들은 계명을 지키는 행위가 있어야 한다.]

젊은 관원은 계명을 지키라는 예수님의 말씀에 어려서부터 지켜 왔다고 아주 자신 있게 대답했지만(20절), 그에게는 "한 가지 문제"가 있었으니, 곧 "탐심"이었다(21절). 사실 예수님께서는 이 부분을 일깨워 주시려고 십계명의 내용을 모두 언급하시지 않았는데, **우선 첫째이자 큰 계명인**(마 22:37,38) **"네 가지 계명"(출 20:13-11)을 말씀하지 않으셨다**. 이것은 한마디로 말해 "하나님을 첫째로 사랑하는 것"이다. 그러니까 그 관원은 계명들을 다 지켜 왔다고 했지만, 사실 "마음을 다하고, 혼을 다하고, 생각을 다하여 하나님을 사랑하라"는 계명을 지키지는 못했다. 말하자면 "탐심"에 문제가 있었던 것이다. 이는 탐심이 곧 "우상숭배"이기 때문이다(골 3:5). **그리고 제일 마지막 계명인 "네 이웃의 집을 탐내지 말라"(출 20:17)는 계명을 말씀하지 않으셨다. 이 계명 역시 탐심과 연관되어 있다**. 그래서 예수님께서는 『**네가 온전해지기를 원하면, 가서 네가 가진 것을 팔아 가난한 사람들에게 나누어 주라. 그리하면 하늘에 있는 보물을 가지게 되리니, 그런 후에 와서 나를 따르라.**』(21절)라고 말씀하신 것이다.

예수님께서는 젊은 관원이 파산하기를 원하신 것이 아니다. 예수님께서는 그를 사랑하셨다(막 10:21). 하지만 이 젊은 부자 관원은 슬퍼하고 근심하며 갔다(22절). 그 청년은 마음속에 "탐심"이 너무 강하게 자리 잡고 있어서 그 큰 재물을 버릴 수 없었던 것이다. 이에 예수님께서는 재물을 가진 부자가 "천국"에 들어가는 것이 어렵다고 말씀하신다(23,24절). "그렇다면 누가 구원을 받을 수 있단 말인가?"(25절) **다른 모든 일도 마찬가지겠지만 사람들에게는 불가능해도 하나님께는 가능한 일이다!**(26절) 왜냐하면, 삭개오, 니코네모, 코넬료 등은 부자였음에도 구원을 받았기 때문이다.

부자라고 해서 다 나쁜 사람은 아니다. 욥은 부자였음에도 우리가 알고 있는 어떤 사람보다도 더 의로운 사람이었다(욥 1:1; 31:1-40). 아브라함도 부자였다. R.G. 르투르노도 부자였는데, 그는 자기 수입의 90%를 주님께 바쳤고 자기 자신은 10%의 수입만 소유했다. 반면에 가난한 사람이라고 해서 다 좋은 사람도 아니다. 정부에서 지원하는 생활보장 대상자들 가운데는 가난한 주정뱅이들과 아내에게 폭력을 행사하는 사람들, 게으름뱅이 아버지들이 많이 있는 것이다.

천국에서의 사도들의 지위(27-30절)

"재물"을 너무나 사랑하는 젊은 관원이 슬퍼하면서 갔을 때, 베드로는 『**보소서, 우리는 모든 것을 버려 두고 주님을 따랐나이다. 그러므로 우리가 무엇을 갖게 되겠나이까?**』(27절)라고 예수님께 물었다. 이에 주님께서는 『**진실로 내가 너희에게 말하노니, 나를 따르는 너희들은 인자가 자기 영광의 보좌에 앉을 새 세대에, 너희도 열두 보좌에 앉아 이스라엘 열두 지파를 심판하리라. 누구든지 내 이름을 위하여 집이나, 형제나, 자매나, 아버지나, 어머니나, 아내나, 자식이나, 토지를 버린 사람은 일백 배로 받을 것이요 또 영생을 상속받으리라.**』(28,29절)라고 대답하셨다. 이것은 "교리적으로" 교회 시대에 적용할 수 없는데, 이는 이 시대에 예수 그리스도의 이름을 위해서 집이나 형제자매나 부모나 아내나 자식이나 토지를 버렸다고 해서 반드시 현세에서 일백 배를 받거나 영생을 상속받는 것은 아니기 때문이다(29절, 막 10:30, 눅 18:30). 만일 그렇게 되는 것이 옳다면 바울과 제자들을 위시하여 순교한 성경대로 믿는 사람들은 어떻게 되는 것인가? 그들은 현세에서 받은 것이 아무것도 없었다! 더군다나 우리는 그런 것들을 버림으로써 "영생을 얻는 자들"도 아니다!

이것은 "교리적으로" 십자가 이전의 상황, 곧 아직은 "천국과 메시아께서 완전히 거부되기 이전의 상황"에서 "유대인들"에게 하신 말씀이다. 또한 이것은 이 땅에 천국이 임하기 직전의 상황인 "환란 시대"에도 적용된다. "사복음서"에 나오는 말씀들 대부분은 "책망과 바로잡음과 의로 훈육하기"에 좋은 것들과 좋은 본들을 제공해 주지만, "교리적으로는" 교회 시대의 그리스도인인 우리가 아니라 십자가 이전에 그리스도의 지상 사역 당시 율법 아래 있었던 유대인들에게 말씀하신 것임을 잊지 말아야 한다. **그렇다면 모든 것을 버려두고 주님을 따른 사도들이 받게 될 복은 무엇인가?** 그들은 "새 세대"(regeneration, 천년왕국 세대), 곧 "재림 때" 인자와 함께 열두 보좌에 앉아 영생을 상속받고 열두 지파를 심판할 것이다(28,29절). 곧 영광의 보좌에 앉으실 주 예수 그리스도와 함께 통치자로서 심판하는 것이다. 이러한 약속과 관련하여 『**먼저 된 자들로 나중 되고 나중 된 자들로 먼저 될 자들이**』(30절) 많을 것이다!

■ 새롭게 깨달았거나 적용할 내용이 있다면 적어 보세요. ■

제2과
복습문제

1. 성경에서 "이혼"이 합법적으로 성립되는 "세 가지 사유"는 "배우자의 (　　)"과 "배우자의 (　　)"과 "배우자의 유기"이다.

2. "교회 시대"에 죄인들이 영생을 "상속"받기 위해서는 선한 일을 행하고 계명을 지켜야 한다. (O , X)

3. 마태복음 19:16-26에 나오는 "젊은 부자 관원"이 영생을 상속받지 못했던 가장 큰 원인은 (　　　) 때문이었다.

4. 『제자들이 이 말씀을 듣고 심히 놀라며 말하기를 "그러면 누가 구원을 받을 수 있는가?"라고 하니, 예수께서 그들을 보시고 그들에게 말씀하시기를 "이 일이 사람에게는 불가능하나 (　　　)께는 모든 것이 가능하니라."고 하시더라.』(마 19:25,26).

5. 『예수께서 그들에게 말씀하시기를, "진실로 내가 너희에게 말하노니, 나를 따르는 너희들은 인자가 자기 영광의 보좌에 앉을 (　　　　)에, 너희도 열두 보좌에 앉아 이스라엘 열두 지파를 심판하리라』(마 19:28).

■ 새롭게 깨달았거나 적용할 내용이 있다면 적어 보세요. ■

NOTES

제3과

포도원의 일꾼들을 통해 보는 교회 시대(20장)

『"저녁이 되자, 포도원 주인이 자기 관리인에게 말하기를 '일꾼들을 불러서 나중에 온 사람부터 시작하여 처음에 온 사람까지 품삯을 주라.'고 하더라』(마 20:8).

포도원에서 일하는 일꾼들에 대한 천국의 비유(1-16절)

포도원 일꾼의 비유는 천국에 관한 아홉 번째 비유로서, 천국이 물리적이지 않고 눈에 보이지 않는 신비의 형태로 진행되는 교회 시대에 적용된다. 이 비유에서 "집주인"은 다른 천국의 비유에서와 마찬가지로 "아버지 하나님"이시다. "자기 포도원"은 그의 『유산』(유업, 마 21:38)으로도 불리며 "이스라엘"을 가리킨다(사 5:1-7; 27:2,3) 그러므로 이 비유는 일차적으로 이스라엘에 적용된다. 예수 그리스도께서 유업으로 받으실 이스라엘은 하나님의 경영하심으로 좋은 열매를 맺는 포도원이 되어야 했었다. 그러나 마태복음 21:33-46의 비유에서 볼 수 있듯이, 하나님의 포도원을 맡은 농부들은 그 소출을 받으려고 온 하나님의 일꾼들, 즉 선지자들을 때리고 돌로 쳤다. 마지막으로 하나님께서는 아들을 직접 포도원으로 보내셨는데, 이것은 예수 그리스도의 초림이다. 그러나 그 당시에 이스라엘이라는 포도원을 맡은 바리새인들과 서기관들, 즉 종교지도자들은 예수 그리스도를 거부하고 백성들로 하여금 예수 그리스도를 죽게 했다. 이에 주님께서는 포도원 주인이 올 때 그 농부들을 비참하게 죽이고, 그 포도원을 제때에 소출을 바칠 "다른 농부들"에게 세로 준다고 말씀하셨다(21:41). 이어서 "하나님의 나라"를 그들에게서 빼앗아 그 소출을 가져올 "민족"에게 주신다고도 말씀하셨다(21:43). 여기서 소출을 가져올 "민족"은 다름 아닌 "교회"로서(벧전 2:9), 본문은 포도원을 이스라엘이라는 "민족"에게서 빼앗아 교회라는 "민족"에게 준다는 말씀인 것이다.

한편 포도원의 주인은 "장터에서 서성대는"(3절) 사람들을 일꾼으로 불렀는데, 이들은 원래 포도원 안에 있던 사람들(이스라엘)이 아니었다. 그들은 하나님과 관계없이 밖에 있는 사람들이었으나(이방인) 하나님의 일꾼이 된 교회 시대의 성도들을 의미한다(엡 2:2-5). 종들이 각기 다른 시간에 부름을 받는 것은 하나님의 종들이 그분의 "포도원"에서 주님을 위하여 일하는 기간인 초림과 재림 사이의 모습을 보여 주고 있다. 여기서 이른 아침(오전 6시), 제삼시(오전 9시), 제육시(정오), 제구시(오후3시), 제십일시(오후 6시)는 각각 2,000년 교회 시대를 4등분하는 역사적인 기점으로 나누어 적용할 수 있다. 먼저 아침 일찍 포도원에 들어온 일꾼들의 시기는 사도들의 사역이 시작되었던 A.D. 30년경부터 A.D. 500년경까지로 볼 수 있다. 마태복음 19:27에서 열두 제자는 모든 것을 버려두고 주님을 따랐다고 고백했는데, 이 기간은 이들의 사역부터 시작된다. 또한 제삼시에 포도원에 들어온 일꾼들의 시기는 A.D. 500-1000년의 기간에 적용되고, 제육시에 들어온 일꾼들의 시기는 A.D. 1000-1500년에 적용된다. 특별히 12절에서 사람들이 온종일 볕에서 수고하는 것은 이 시기(암흑시대, 막 13:35)에 섬겼던 성도들의 극심한 고난을 잘 보여 준다. 그들 중에는 왈덴시안, 폴리시안, 불가리안 등이 있다. 아울러 제구시에 들어온 일꾼들의 시기는 A.D. 1500-1900년경까지이며 마지막 시대 직전까지 사역하는 기간이다. 필라델피아 교회 시대라 불리는 이 기간에 사역한 일꾼 중에는 존 후스, 마틴 루터 등의 종교개혁자들과 요한 웨슬리, 조지 휫필드, 조나단 에드워즈 등의 사역자들이 있다. 마가복음 13:35에서는 이 기간을 "닭이 울 때"로 표현하고 있다. 마지막으로 제십일시로 시작되는 시기는 재림이 임하기 전의 마지막 시기로, 일꾼들이 사역할 수 있는 마지막 시기이다(A.D. 1900-2000년).

포도원의 전체 노동은 제십이시로 끝나기 때문에 제십일시에 들어온 일꾼들에게는 노동 시간이 한 시간밖에 주어지지 않는다. 하지만 집주인은 그들에게도 동일하게 한 데나리온을 하루 품삯으로 주었는데, 이는 라오디케아 교회 시대가 그 어느 때보다도 배교와 오류가 난무한 시대이기 때문이다. 그래서 이 기간에 신실했던 주님의 일꾼들은 다른 기간의 일꾼들, 심지어 "아침 일찍"부터 일한 일꾼들과 동등한 대우를 받는 것이다(9-12절). 모든 일꾼이 동일하게 "한 데나리온"을 받았으며 "한 데나리온"은 계약에 따른 적절한 대가였다(4절).

하나님께서는 일꾼들에게 노동자의 권리를 찾으라고 말씀하시지 않고 주인에게 복종하라고 말씀하시며(엡 6:5-9, 딤전 6:1,2), 또 그들에게 "신실함"을 요구하신다. 일꾼들이 주인의 뜻을 모두 행하고 난 후에 해야 할 말은 "무익한 종"이라는 고백일 뿐이다(눅 17:10). 하나님께서 이스라엘을 먼저 부르셨지만, 그들은 거부했고 이방인이었던 교회가 부름을 받았다. 일꾼들을 부르시지만, 모두가 그 부르심에 응하는 것은 아니며, 또 부르심에 응한 순서에 의해서 혹은 일한 시간의 길이에 의해서 보상이 결정되는 것도 아니다(16절). 누가복음 19장의 므나의 비유와 마태복음 20장의 비유가 둘 다 예수 그리스도께서 지상에 계시지 않은 교회 시대에 종들이 행해야 할 일에 대해서 말하고 있지만, "므나의 비유"에서는 하나님께서 각각 다르게 맡겨 주신 개개인의 보수를 각각 "다르게" 계산하신 반면, "마태복음 20장의 비유"에서는 각각 다른 시대 속에서 일한 일꾼들의 보수를 "동일하게" 계산하신다.

섬기는 통치자(20-29절)

자신들의 섬김에 대해 특별한 보좌를 요구하는 야고보와 요한에게 예수 그리스도께서는 자신의 죽음으로 설명하셨다(20-24절). 예수님의 말씀에서 『**내가 마시려고 하는 그 잔**』과 『**내가 받는 그 침례**』는 예수 그리스도께서 하나님의 뜻에 순종하심으로 받으실 고난과 죽음을 말한다(빌 2:6-8). 이것은 마태복음 26:39의 "하나님의 잔"과 구분되는데, 그 하나님의 잔은 "육체적인 죽음"을 말하는 것이 아니라 하나님께서 세상에 내리시는 "진노의 잔"이다(렘 25:15, 사 51:17, 시 75:8, 고후 5:21). 야고보와 요한은 이 잔을 마실 수 있다고 대답했고 그들은 순교함으로써 이 잔을 마셨다. 하지만 그들은 예수님처럼 "진노"를 받은 것이 아니라, 단지 예수님을 위해서 "죽었을" 뿐이다. 죽음의 침례에 참여한 것이다(히 2:9, 벧전 2:21-24). **주님의 오른편과 왼편의 보좌는 각각 율법과 선지자를 대표하는 모세와 엘리야에게 주어질 것이다**. 이 두 사람은 항상 예수님의 재림과 관련하여 등장하는 사람들이며, 재림을 말씀하시는 문맥에서 특별하게 주어지는 "두 자리"는 모세와 엘리야에게 돌아가는 것이 합당하다(마 17:1-3, 출 33:21, 말 4:4-6, 슥 4:11-14, 계 11:3,4).

예수 그리스도께서 재림하실 때까지 제자들에게 남겨 주신 사역은 섬김의 사역이다(25-29절). 예수님께서는 자신의 생명을 몸값으로 주셨다(고전 6:20; 7:23, 벧전 1:18,19). 예수님께서 핏값을 지불하신 것은 사탄에게가 아니라 "아버지 하나님"께였다. **율법이 이루어져야 한다는 아버지 하나님의 거룩하신 요구를 충족시키기 위해서 아버지께 핏값을 지불하신 것이다(롬 8:3,4)**. 예수님께서는 하나님이시므로 자신이 필요한 것을 위해 사탄과 거래하실 필요가 없다. 사탄은 죄 아래 있는 사람들을 관장하고, 하나님의 진노와 형벌을 실행하기 위한 하나님의 "종"에 불과하다. 이렇듯 사탄은 종으로서 사람들을 죄 안에 가두어 악을 가져온다. 예수님께서는 사탄에게 갇혀 있는 인간을 구원하시기 위해 누군가에게 값을 지불하셔야 했는데 그것은 "종"인 사탄에게가 아니라 "주인"이신 하나님께 하신 것이다. 한편 이 시대에 부르심을 받은 일꾼들에게 맡기신 일은 하나님을 경배하는 것(요 4:23)과 죄인들에게 복음을 전하는 일(롬 10:15)과 성도들을 섬기는 일(갈 5:13, 엡 4:12)임을 명심해야 한다.

소경의 눈을 고치시는 왕(30-34절)

두 소경이 부른 이름 "**다윗의 아들이여**"는 이스라엘을 위해 사역하시는 유대인의 메시아, 곧 다윗의 보좌에 앉아서 다스리시는 천국의 왕으로서의 이름이다. 그들은 유대인 메시아의 이름을 부름으로써 구원을 얻었다(사 35:3-10). 이 소경들은 이사야의 예언대로 눈이 멀어 있는 이스라엘의 영적 상태를 나타낸다(사 9장). 초림 때 그랬듯이(마 23장) 재림 직전에도 이스라엘은 영적인 소경의 상태로 있을 것이며, 그들은 "다윗의 아들"이신 주 예수 그리스도의 이름을 부름으로써 치유를 받게 될 것이다.

여기에서 우리는 소경들을 통해 주시는 "신약적인 교리들"을 발견할 수 있다. ❶ 그는 눈이 멀었다. ➠ 모든 사람은 눈이 멀었다. 예수 그리스도의 피로 구원받을 때까지 모든 사람은 빛을 보지 못한다(고후 4:1-4, 엡 4:18,19). ❷ 그는 거지이다(막 10:46). ➠ 사람들은 모두 거지와 같다. 그들의 의는 거지들이 걸친 누더기와 같고 걸레와 같다(사 64:6). ❸ 그들은 "주"를 불렀다. ➠ 그들은 예수 그리스도를 "주"로 인식했고(고전 12:3) 그분의 이름을 불렀다. **『누구든지 주의 이름을 부르는 자는 구원을 받으리라』**(롬 10:13). ❹ 예수님께서 부르시자 그들은 겉옷을 던져 버리고 주님께로 나아갔다(막 10:49,50). ➠ 우리는 우리의 걸레 같은 의를 벗어 던지고 예수님의 의를 받는다. ❺ 그들은 주님께 나아갔다. ➠ 우리는 주님께 나아가는 데 어떤 의식도 필요 없으며, 다른 중보자도 필요로 하지 않는다. ❻ 그들은 즉시 보게 되었다. ➠ 구원은 믿는 순간 즉각적으로 받는 것이지, "자라가면서 이루어지는 것"이 아니다(cf. 한글개역성경 벧전 2:2). ❼ 그들은 주님을 따랐다. ➠ 구원받은 후에 사람들은 예수님을 따라야 한다. 우리는 모두 예수님을 따르는 자가 되어야 한다. 그러나 예수님을 따름으로써 구원받는 것은 결코 아니다. 아무리 예수님의 가르침을 행하고, 예수님의 "제자"처럼 행해도 예수님의 피로 씻기지 않으면 구원받지 못한다. 구원받은 사람이 예수님을 따르는 것이지, 예수님을 따르는 사람이 구원받는 것은 아니다.

제3과 복습문제

1. "자기 포도원"은 그의 『유산』(유업, 마 21:38)으로도 불리는 (　　　　　)을 가리킨다. 그러므로 마태복음 20장의 이 비유는 일차적으로 (　　　　　)에 적용되어야 한다.

2. 마태복음 20장의 포도원 일꾼들의 비유를 교회 시대에 적용할 수 있는 근거는 마태복음 21장의 이스라엘의 (　　　　　)에 있다(마 21:33-43).

3. 일을 맡긴 종들에게 주인이 기대하는 것은 (　　　　　)이다.

4. 주님의 오른편과 왼편의 보좌는 각각 율법과 선지자를 대표하는 (　　　　)와 (　　　　)에게 주어질 것이다. 이 두 사람은 항상 예수님의 재림과 연관된 사람들이며 재림을 말씀하시는 문맥에서 특별하게 주어지는 두 자리는 (　　　　)와 (　　　　)에게 돌아가는 것이 합당하다.

5. 예수님께서는 자신의 생명을 몸값으로 주셨는데, 이것은 율법의 의를 요구하는 사탄의 요구대로 죄인들을 쥐고 있는 사탄에게 지불하신 것이었다. (O , X)

6. 여리코에서 나가시면서 만난 두 소경은 눈먼 이스라엘의 영적 상태를 보여 주고 있는데, 이스라엘은 재림 직전에도 영적인 소경의 상태에 있을 것이며, 그들은 "다윗의 아들"인 주님의 이름을 부름으로써 치유를 받게 될 것이다. (O , X)

7. 소경들은 예수님께서 부르시자 겉옷을 던져 버리고 주님께로 나아갔는데, 복음을 통해 부르심을 받는 모든 죄인은 각자가 걸레 같은 자신의 의를 벗어 던지고 예수님의 의를 받아들여야 한다. (O , X)

NOTES

제4과

나귀 새끼를 타고 이루신 승리의 입성(21장)

『"너희는 시온의 딸에게 말하라. 보라, 너의 왕이 네게 오시나니, 그는 온유하여 나귀, 곧 나귀 새끼인 어린 수나귀 위에 타셨도다." 하였더라』(마 21:5).

예수 그리스도의 예루살렘 입성

마태복음 21장은 예수 그리스도의 지상 생애의 마지막이 시작되는 장으로, 그분께서 예루살렘에 입성하시는 것으로 시작된다. 특히 예루살렘 입성은 주님께서 지상에서 사역하셨던 3년 반 동안의 사역에 대한 절정으로, 이 사건에 관해서는 사복음서 모두에서 다루고 있으며 사복음서 모두가 이 사건을 향해 전개되고 있다.

예수님께서는 공생애를 시작하는 시점부터 계속해서 자신이 이스라엘의 메시아 왕으로 오셨다는 것을 전파하셨을 뿐만 아니라, 많은 표적과 이적으로도 나타내 보이셨다. 실로 많은 사건이 예루살렘 입성 이전에 펼쳐졌는데, 이제 드디어 스가랴 9:9의 예언대로 예수님께서는 나귀를 타고 예루살렘으로 입성하신다. 예수 그리스도께서 "왕"으로서 입성하시는 것이다. 초림 때 왕국이 임할 수 있는 모든 조건이 예비되었다. 그래서 유대인들이 주님을 왕으로 받아들이기만 했다면 왕국은 이때 임할 수도 있었다.

하지만 왕으로 입성하신 주님께서는 3일간 그동안 당하셨던 것보다 더 심한 거부를 당하셨다. 선임 제사장들과 바리새인들은 여전히 예루살렘에 입성하신 예수 그리스도를 거부했고, 주님을 십자가에 처형하고 말았다. 결국 왕의 대관식이 2,000년 뒤로 연기되었지만, 주님께서는 만왕의 왕이요, 만주의 주로 다시 그들에게 오실 것이다. 그러므로 예수 그리스도의 예루살렘 입성은 앞으로 있을 재림에 대한 강력한 모형이 된다.

예루살렘 입성을 준비하시는 이스라엘의 왕(1-5절)

예수님께서 제자 "둘"을 보내셨는데 여기에는 중요한 의미가 있다. "둘"이 예수님의 재림과 관련이 있기 때문이다. "**팔레스타인 땅(천년왕국을 상징)**"으로 모세가 보낸 정탐꾼은 두 명이었고(민 14:6), "**여호수아(재림하시는 예수님의 유형)**"가 여리코에 보낸 정탐꾼도 두 명이었다(수 6:22). 그리고 "**대환란(재림 직전 상황)**" 기간에도 두 명의 증인이 등장한다(계 11:3,4).

■ 나귀(거듭나지 못한 죄인) ■

❶ 나귀는 묶여 있다.

❷ 그것을 풀려고 할 때 방해하는 자가 있다(막 11:5, 딤후 2:25,26).

❸ 주님께서 그것을 필요로 하신다(막 11:3, 행 9:15).

❹ 나귀는 문 옆에 있다(막 11:4, 요 10:7).

❺ 그곳은 길이 갈라지는 곳이다(신 30:19, 막 11:4).

❻ 나귀는 주님께 이끌려 왔고(막 11:6, 요 1:42) 옷 입혀졌다(막 11:7, 사 61:10).

❼ 주님께서 그것을 통제하신다(롬 12:1-3).

여기서 주의 "오심(Coming)"을 오해한 자들이 있다는 것을 알게 된다. 5절에서 인용된 말씀은 스카랴 9:9의 예언이다. **그런데 스카랴는 다른 선지서들과 마찬가지로 초림과 재림을 한꺼번에 예언했다. 스카랴 9:9은 초림에 관한 말씀인 반면, 스카랴 9:10은 재림에 관한 말씀이다.**

구약성경에서는 "초림(First Coming)"과 "재림(Second Coming)"을 구분 지

초림에 관한 예언(슥 9:9)	재림에 관한 예언(슥 9:10)
『오 시온의 딸아, 크게 기뻐하라. 오 예루살렘의 딸아, 소리지르라. 보라, 네 왕이 네게 오시나니 그는 공의로우시며 구원을 지니셨고, 겸손하시며 나귀를 타시리니 나귀의 새끼인 어린 나귀니라.』	『또 내가 에프라임으로부터는 병거를, 예루살렘으로부터는 말을 끊어 버릴 것이며, 전쟁의 활도 끊어지리라. 그리고 그가 이방에게 평화를 말하리니 그의 다스리심이 바다로부터 바다까지이며 강으로부터 땅 끝까지 되리라.』

어 말씀하지 않으시고, 단지 그분의 "오심(coming)"에 대해서만 언급하고 있다. 그래서 "교회의 골짜기"를 본 구약의 선지자는 아무도 없었다. 비록 초림과 재림이 성경에 함께 제시되었다고 해도 두 개의 오심(초림, 재림)이 동일한 것은 아니다. **이것을 오해한 자들이 바로 초림 때의 유대인들이요, 재림에 앞서 주님을 거부하는 이 시대의 로마카톨릭과 개신교인들이다**. 스카랴 9:9에서 『**공의로우시며 구원을 지니셨고**』 라는 부분을 성령님께서는 의도적으로 기록하지 않으셨다. 이는 여기에서의 구원이 **신약적 의미의 "혼의 구원"이 아니라, 재림 때 있을 이스라엘의 "민족적 구원"**이기 때문이다(슥 9:16,17).

입성하시는 주님에 대한 엇갈린 칭호(6-11절)

9절에서 『**다윗의 아들... 지극히 높은 곳에서 호산나**』를 외치는 무리들이 있다. 이들이 외치는 **"호산나"란 "지금 구원하소서!"란 뜻인데, 간구의 표현이라기보다는 "승리의 외침"이다. 주님을 맞으러 간 사람들이 승리감에 젖어 외치고 있는 것이다**. 곧 예수님께서 그 약속된 왕국의 왕, 곧 "**다윗의 보좌에 앉아 다**

스리시는 왕을 기다리는 자들의 외침"이다(눅 1:30-33). 한편 바리새인들은 자신들의 힘으로 이 왕국을 이루려고 했기에 그들에게는 예수 그리스도라는 메시아가 필요하지 않았다(눅 19:14). 그래서 이들은 무리들의 외침을 금지시키라고 했지만, 예수님께서 그 외침은 막을 수 없다고 일축하셨다(눅 19:40). 이들은 또한 『**주의 이름으로 오시는 분은 복이 있도다.**』라고 외친다. 주님께서 이 땅에 오셔서 왕국을 세우시고 이방 왕국을 멸하시리라는 것을 선지자 다니엘도 예언하고 있다(단 2,7장). 하지만 십자가에서 먼저 처형되시고, 부활하시고 승천하신 다음에 다시 오셔야 한다. 따라서 이 외침은 주님의 재림에 관한 강력한 구절이며, 초림 때 이루어진 "부분적인" 성취에 해당한다(슥 9:9). 주님께서는 이에 대해 마태복음 23장에서도 직접 언급하고 계신다. 『**내가 너희에게 말하노니, 이제부터 너희가 '주의 이름으로 오시는 이는 복이 있도다.'라고 말할 때까지 나를 보지 못하리라."고 하시더라**』(마 23:39).

■ 종려나무와 그 가지 ■

"종려나무 가지"는 여리코로부터 가져왔을 것이다(신 34:3, 종려나무 성읍). 이 가지들은 축제 분위기에 맞춰 즐거워하는 모습을 상징하는 것으로 사용되는데, 하나님께서 이것에 대해 명령하신 것을 레위기를 통해 살펴볼 수 있다. 『이 일곱째 달 십오일은 **주**께 칠 일 동안 장막절이니라... 첫날에 너희는 보기 좋은 나무들의 가지들과 종려나무 가지들과 빽빽한 나무들의 가지들과 시내버들을 취하여 **주** 너희 하나님 앞에서 칠 일 동안 즐거워할지니라』(레 23:34,40).

특히 "가지"는 이방 왕국들의 통치를 쳐부수고 다스리시는 주 예수 그리스도를 상징한다. 이방 왕국들은 예수 그리스도의 발아래 무릎을 꿇을 것이다(시 2편, 단 2,7장). 또한 종려나무는 대환란 기간 중에 구원받은 이방인들의 손에 들려져

있음을 볼 수 있다. 『이 일 후에 내가 보니, 보라, 모든 민족들과 족속들과 백성들과 언어들에서 온 아무도 셀 수 없는 큰 무리가 흰 옷을 입고 그들의 손에는 종려나무 가지를 들고 보좌 앞과 어린양 앞에 서서』(계 7:9).

11절에서는 『**갈릴리 나사렛 선지자 예수**』라고 부르는 또 다른 무리가 등장한다. 주님은 초림 때 선지자로 오셨다("모세와 같은 선지자," 신 18:15-18). 또한 나사렛 사람, 즉 구약에서 예언된 "가지"였다. **하지만 "예수"라는 이름은 그분을 온전히 제시하지 못하고 있는데, 이는 그분의 온전한 이름이 "주 예수 그리스도"이시기 때문이다.** 주님께서는 지금 "**제사장**"으로 계시고(히 3:1; 4:15,16), 재림 때 "**왕**"으로 오실 것이다(계 19:16). **"선지자요 제사장이며 왕"으로 오실 분을 잘 보여 주는 구약의 인물은 "다윗"이다. 그래서 "이분이 누구신가?"(10절)라는 질문에 대한 정답은 "선지자 예수"가 아니라, "다윗의 아들, 지극히 높은 곳에서 호산나"다.**

주의 전을 위한 "열성" vs. 위선자들을 향한 "책망"(12-16절)

성전에서 사고파는 행위는 희생제물을 위한 동물들을 매매하는 행위였다. 또한 환전상들은 예물로 드리기 위해 이방인들이 가져온 이방인 화폐를 유대인 화폐로 바꿔 줌으로써 이윤을 남긴 자들이다. 하지만 예수님께서는 이런 일들을 강도질로 일축하셨다.

13절에서 주께서는 『**내 집은 기도하는 집이라.**』라고 말씀하신다. 주의 전을 위한 이러한 열성은 예수님의 사역 초기에도 있었다(요 2:13-22). 요한복음 2장("내 아버지의 집")과 달리 "내 집"이라고 말씀하셨다. 이러한 인용을 말라키 3장에서도 볼 수 있는데, 특히 이것은 ❶ 하나님과 예수 그리스도의 동등하심과 ❷ 예수님께서 왕으로 오시는 재림에 관한 구절임을 증명하고 있다. 『**내가**[하나님] **내 사자**[예수 그리스도]**를 보내리니, 그가 내 앞에서 길을 예비하리라. 또 너희가 찾고 있는 주가**[예수 그리스도] **갑자기 자기 성전에 오리니, 곧 너희가 기뻐하는 언약의 사자니라. 보라, 그가 오리라. 만군의 주가 말하노라**』(말 3:1). 또한 히브리서 3장에서도 모세가 맡은 하나님의 집을 자신의 집으로 동일시하고 있다(히 3:6). 히브리서에서 그 "집"은 이스라엘 "집," 곧 이스라엘 "민족"을 나타낸다. 반면 신약에서의 그 "집"은 그리스도인의 "몸"을 가리킨다(고전 3:16,17; 6:19). 이것은 이사야 56:7을 인용한 것으로 재림에 관한 구절이다. 천년왕국 때는 실제로 제단이 세워지고 제사가 드려지며 안식일도 다시 회복된다(사 56:4, 겔 44-48장). 이때는 다시 향[기도, 계 5:8]을 피우고 제물을 드릴 것이다. 『**각처에서 내 이름에 향을 피우며 순결한 제물이 드려질 것이니, 이는 내 이름이 이방 가운데서 위대하게 될 것임이라. 만군의 주가 말하노라**』(말 1:11). 재림과 관련된 내용이지만, 이렇게 초림 때 말씀하신 것은 다윗의 보좌에 앉아 팔레스타인과 온 땅을 다스리시는 유대인의 왕이 바로 "예수 그리스도"이심을 확증하시려는 것이다.

15,16절에서는 위선자들의 질문과 주님의 책망에 관한 말씀이 나온다. 늘 예수님을 대적하는 자들인 선임 제사장들과 바리새인들은 다니엘 2,7장의 예언대로 이방 왕국들을 무너뜨리고 팔레스타인을 다스리실 메시아가 하늘로부터 오실 것을 기대했다. 그런데 갈릴리 나사렛 태생의 목수의 아들이 그들의 메시아라니, 이것은 실로 견딜 수 없는 일이었다. 그래서 그들은 주님께 "무슨 권세로 당신은 이런 일을 행하느뇨?"(23절)라고 말하면서 예수님께 따졌다. 완강히

거부하는 소위 "교육받은" 종교지도자들을 향해, 순수하게 "다윗의 아들"의 이름을 부르며 왕국의 복에 참여하는 "어린아이들과 젖먹이들"에 관한 말씀(시 8:2)으로 위선자들의 교만을 책망하신다. 『말씀하시기를 "진실로 내가 너희에게 말하노니, 너희가 회심하지 아니하고, 또 어린아이들과 같이 되지 아니하면 결코 천국에 들어가지 못하리라. 그러므로 누구든지 이 어린아이와 같이 자기를 낮추면 그가 천국에서 가장 큰 자니라』(마 18:3,4).

무화과나무를 저주하신 예수님(17-22절)

예수님께서는 "종려 주일"이라고 불리는 일요일에 입성하시고, 이제 그 저녁에 성 밖으로 나가 베다니에서 묵으신다(17절). 그리고 월요일 아침에 도성으로 돌아오신다(18절). 그런데 도중에 잎만 무성한 무화과나무를 보시고, 그 나무를 저주하심으로써 메시아 왕으로 오신 자신을 거부한 그들의 양심을 찌르셨다(19절). 그리고 화요일 아침에 무화과나무가 뿌리로부터 말라 버린 것을 보고 놀란 제자들은 예수님께 질문을 드렸고, 주님께서는 그 질문에 답하셨다(20-22절, cf. 막 11:20).

무화과나무가 "잎만 무성한 것"을 본다. 잎이 무성하다는 것은 열매가 있어야 한다는 뜻이지만, 주님께서 보시니 거기에는 어떤 열매도 없었다. 이것은 합당한 열매 없이 입술로만 고백하는 사람들을 상징한다(마 15:8, cf. 약 2:20). 그래서 무화과나무 잎은 "자기 의"를 가리키는데, 아담과 이브가 자기들의 수치를 가린 것도 무화과나무 잎이었다(창 3:7). 예수님께서 유일하게 저주하신 나무는 무화과나무다. 이 나무는 또한 성경 여러 곳에서 “이스라엘”을 가리키기도 한다(마 24:32,33, 렘 24:2,5,8, 암 8:2, 호 9:10). 무화과나무 잎은 “행위”인데, 그 무화과나무에는 “열매”가 없었다. **말하자면 이것을 통해 아무런 열매가 없는 위선적인 종교지도자들의 실상을 적나라하게 지적하신 것이다.** **『그들이 너희에게 지키라고 한 모든 것을 지키고 행하라. 그러나 그들의 행위는 본받지 말라. 이는 그들이 말만 하고 행하지 않음이라』**(마 23:3). 결국 저주받은 무화과나무는 “**말라**” 버리고 만다. 당시 종교지도자들은 길 잃은 양 무리를 방치해 놓고(마 9:36, 겔 34:5, 슥 13:7), “자기 의”로 무성한 채 자신의 죄들을 가리려고만 했다. 그래서 주님께서는 그 무화과나무를 저주하신 것이다(19절). 그리고 그 무화과나무는 마태복음 24:32에서 가지가 유연해지고 잎이 나온다고 하신 그 예언이 이루어질 때까지 말라 있게 된다.

“완고한 위선자들”을 향한 예수님의 질문(23-27절)

선임 제사장들과 백성의 장로들은 예수께서 행하신 그런 권세가 어디서 왔는지 모르는 바가 아니었다. 이는 무화과나무를 마르게 하신 표적을 이미 보여주셨기 때문이다(19절). 주님을 메시아 왕으로 인정하기 싫었던 그들의 유일한 목적은 예수님께서 가르치시고 행하시는 기적을 그만두게 하는 것이었다(눅 8:37). 이러한 사악한 “마음의 의도를 아시는”(눅 9:47) 주님께서 “**침례인 요한**”(마 16:14-16)**에 관한 질문(25,26절)**으로 그들의 입을 막으셨다. 예수님께서는 요한복음 5:27의 말씀처럼 **『또 아버지께서는 아들에게 심판하는 권세를 주셨으니 이는 그가 인자임이라.』**라고 대답하실 수 있었다. 하지만 그들에게 요한의 침례를 들어서 그들을 곤경에 빠뜨리셨다. 이것이 바로 “**하나님의 지혜**”다.

이 말씀 이후에 "두 가지 비유"를 더 말씀하시고 "그들 위에 떨어지는 돌"에 대해 말씀하신다. 이 돌을 맞는 자가 자신들임을 그들이 알게 된다(45,46절).

두 가지 비유

포도원은 팔레스타인 땅으로, 이 땅은 약속된 다윗의 보좌가 있는 왕국이 세워질 자리다. 또한 예수님께서는 이 땅을 상속받은 법적 상속자이시다(38절). 그런데 종교지도자들은 잎사귀만 무성할 뿐 열매 없는 무화과나무가 되어 예수님을 거부했다. 앞서 "요한의 침례"(25절)를 언급한 것은, 그의 침례가 예수님을 이스라엘 백성에게 나타내기 위한 침례이기 때문이며, 이것은 매우 중요하다(요 1:31). 위선자들인 종교지도자들이 "권위"에 관한 질문을 할 때 예수님께서 요한에 관해 되물으신 것은 바로 "요한이 전파한 메시아가 자신이심"을 명확히 밝히시려는 의도에서였다.

28절부터 32절까지의 말씀에는 "두 아들의 비유"에 관한 말씀이 나온다. 이 비유의 핵심은 "뉘우치고 포도원으로 가라는 것"인데, 회개하고 요한이 베푸는 침례를 받은 "세리들과 창녀들"과 달리 종교 지도자들은 말로만 간다고 할 뿐 뉘우치지 않고 거부하였다. 이 종교지도자들은 B.C. 606년 바벨론 포로 이래로 유대인들에게 율법을 가르치며 올바른 길로 인도하던 자들이다. 그런데 그들은 선지자인 "침례인 요한과 메시아"가 나타났을 때 여러 가지 표적들을 통해 그들이 "하늘로부터 권위를 받은 자들"임을 알았지만 거부했다. 요한이 전파한 것은 영적인 "하나님의 나라"가 아니었다. 그가 전파한 것은 오직 유대인에게 약속된 메시아께서 팔레스타인 땅에서 다윗의 보좌에 앉으시어 다스리게 될 문자적인 "천국"이었다. 따라서 요한이 제시한 "의의 길"(32절)은 마태복음 5:20에서 제시한 "율법의 의"와 관계가 있다. 한편 "세리들과 창녀들"은 "서기관들과 바리새인들"이 행한 "의"에 있어서는 결단코 앞서지 못했는데 그들은 죄인이기 때문이다. 하지만 종교지도자들이 행하지 않았던 "한 가지"를 이 죄인들이 행했으니, 바로 "회개"였다(마 3:2; 4:17). 그래서 주님은 천국이 임하기 전에 유대인들이 구해야 할 것은 바로 "하나님의 나라"라고 말씀하신 것이다(31절, cf. 마 6:33 - "율법의 의"와 관련된 하나님의 나라).

33절부터 41절까지의 말씀에는 "포도원 주인"의 비유가 나온다. 여기서 "집주인"은 하나님이시고, "상속자"는 예수 그리스도시며, "포도원"은 이스라엘로서 아들이 받으실 유업이다(cf. 마 20:1-15). 여기에서 "악한 종들"은 "두 아들"의 비유와 연결되는데, 이들은 천국을 폭력으로 찬탈한 종교지도자들이다(마 11:12). 39절에서는 집주인이 보낸 그의 아들을 그들이 붙잡아 "포도원 밖"에 내던져 죽인다. 이것을 히브리서 13장에서 증거하고 있다. 『**그런즉 예수께서도 자신의 피로써 사람들을 거룩하게 하시려고 성문 밖에서 고난을 받으셨느니라. 그러므로 우리도 그의 수치를 짊어지고 진영 밖에 있는 그에게로 나아가자**』(히 13:12,13). 그러자 41절 말씀에서처럼 포도원 주인이 "악한 농부들"을 비참하게 죽인다. 이것은 일차적으로 A.D. 70년에 있었던 예루살렘 파괴에 적용되지만, 미래에 성취될 예수 그리스도의 재림과 관련된 예언적인 말씀으로 "이중 적용"이 된다(계 11:2). 이렇듯 악한 농부들을 비참하게 죽인 후 그 포도원을 제때에 소출을 바칠 "다른 농부들"에게 준다(41절). 여기서 "다른 농부들"은 "민족"으로 설명되는데, 이때의 유업은 "영적인 유업"(43절, "하나님의 나라 ➟ 다른 민족")으로 전환되고, 세리들과 창녀들은 먼저 이 나라에 들어가며, 이 유업은 또 하나의 "거룩한 민족"인 교회에게 주어진다(벧전 2:9, "거룩한 민족"). 다시 말해 다른 민족, 곧 "교회"는 팔레스타인 땅과 관련이 없기에 의도적으로 "천국"이라 말씀하지 않으시고 "하나님의 나라"라고 말씀하신 것이다.

"주의 오심"에 관한 예수님의 선포(42-46절)

여기서 예수님께서는 구약의 선지자들처럼 초림과 재림의 사건들을 동시에 말씀하시는데(44절), 이것은 초림 상황과 재림 상황의 유사성(팔레스타인 땅에 있을 유대인들, 로마의 지배 아래 있을 이스라엘, 침례인 요한과 엘리야의 등장 등)과 연속성을 나타내고 있다. 마태복음 13장에서 천국의 신비를 말씀하시면서도 교회 시대를 언급하신다. 또한 21장에서도 "한 민족(교회)"을 언급하고 계신다. 따라서 예수님께서 교회 시대를 언급하시고 하나님의 나라를 언급하시는 것은 그분의 거부가 확실시되고 그분의 죽음이 임박해질수록 더욱 구체화된다. 하지만 당시 유대인들이 바라보고 있던 것은 다윗에게 약속하신 문자적인 왕국인 "천국"뿐이었다. 결국 그들의 거부로 인해 교회 시대가 도래하지만, 궁극적으로 이방인의 충만함이 차면 만왕의 왕으로서 오셔서 그들을 회복시키실 것이다.

42절에서 건축자들이 버린 돌은 모퉁이의 머릿돌이 된다. 42절의 말씀은 이사야 28:16과 시편 118:22의 인용으로, 베드로전서 2:1-11에서도 반복된다. 이 돌은 "손으로 다듬지 않은 돌"(단 2:34)로서 "산 돌"(벧전 2:4)이요 "영적 반석"(고전 10:4)이었으나, 건축자들이 쓸데없다고 버린 돌이 되고 말았다. 다시 말해 예수 그리스도 없이 천국을 건설하려는 자들이 버린 돌이 되신 것이다. 44절에서 넘어지는 돌은 거침이 되는 반석이 된다. 이사야서에서도 "넘어지는 돌"과 "거침이 되는 반석"을 언급하고 있다. 『**그는 성소가 되실 것이나 이스라엘 두 집에는 넘어지는 돌과 거침이 되는 반석이 되실 것이며 예루살렘의 거민에게는 함정과 올무가 되시리라**』(사 8:14). 이 구절의 앞부분은 초림 때 예수 그리스도를 믿지 않는 사람들이 그에 걸려 넘어진다는 뜻으로서, **자기 의를 자랑하는 종교 위선자들에게 해당하는 말이다**(롬 9:32,33, 벧전 2:8). 반면 **뒷부분**은 이방 왕국들을 부수셔서 산산조각 내실 예수 그리스도의 재림에 적용된다(단 2:44).

■ 새롭게 깨달았거나 적용할 내용이 있다면 적어 보세요. ■

제4과
복습문제

1. 예수님께서 나귀 한 마리와 그 새끼를 풀어오도록 명령하시면서 "두" 제자를 보내셨다. 이것은 중요한 의미가 있는데, 이는 "둘"이 예수님의 (   ) 과 관련이 있기 때문이다.

2. 구약성경에서는 "초림"과 "재림"을 구분 지어 말씀하지 않으시고, 단지 그분의 "오심"(coming)에 대해서만 언급하고 있다. 마태복음 21:5에서 인용된 말씀은 스가랴 (   )장 (   )절로 초림에 해당하는 예언이며, 스가랴 9:10은 예수님의 (   )에 관한 예언이다.

3. 예루살렘으로 입성하시는 주님을 본 모든 무리가 "다윗의 아들 호산나"라고 하면서 그들의 왕을 맞으며 승리의 환호성을 질렀다. (O , X)

4. 무화과나무 잎은 "자기 (   )"를 가리키는데, 합당한 열매 없이 입술로만 고백하는 사람들을 상징한다(마 15:8, cf. 약 2:20).

5. 『또 누구든지 이 돌 위에 떨어지는 사람은 부서질 것이요, 이 돌이 누구에게든지 떨어지면 그 사람을 가루로 만들 것이라."고 하시니』(마 21:44)라는 예수님의 말씀은 초림 때 모두 성취되었다. (O , X)

■ 새롭게 깨달았거나 적용할 내용이 있다면 적어 보세요. ■

NOTES

NOTES

제5과
혼인 잔치로의 초대를 거절한 유대인들(22장)

『왕이 혼인 잔치에 초대받은 사람들을 불러오라고 자기 종들을 보냈으나 그 사람들은 오려고 하지 아니하였느니라』 (마 22:3).

열 번째 천국 비유

마태복음 22장은 마태복음의 천국 비유 중 열 번째 비유로 시작한다. 이 비유는 A.D. 70년부터 대환란 때까지의 유대인의 역사를 다루고 있으며, 그리스도인의 구원과는 아무런 관련이 없다. 다른 천국 비유들과 마찬가지로 유대인들이 물리적인 천국에 들어가는 모습을 묘사하고 있을 뿐이다.

비유로 예언된 유대인의 역사(1-14절)

『그러나 그들은 개의치 아니하고 어떤 사람은 자기 밭으로, 또 어떤 사람은 장사하러 갔으며 남은 자들은 그 종들을 붙잡아 모욕을 주고 죽였느니라. 왕이 이 말을 듣고 분노하여 자기 군대를 보내어 그 살인자들을 죽이고 그들의 성읍을 불살라 버렸느니라』(5-7절).

마태복음 22장을 여는 비유는 두 부분으로 나뉘는데, 그 첫 번째 부분에서는 자기 아들을 혼인시킨 어떤 왕이 혼인 잔치에 초대받은 사람들을 불러오라고 종들을 보냈지만, 그들로부터 거절을 당한다. 왕은 다시 다른 종들을 보내어서 『**보라, 내가 만찬을 준비하였고, 내 소와 살진 짐승을 잡았으며, 또 모든 것이 준비되었으니 혼인식에 오라**』고 했지만(4절), 모두 자기 볼일을 보러 가고 심지어 종들을 붙잡아서 모욕을 주고 죽이기까지 한다. 왕은 이 말을 듣고 분노하여 자기 군대를 보내어 그 살인자들을 죽이고 그들의 성읍을 불살라 버렸다(2-7절)

이 비유는 역사적으로는 예수 그리스도의 초림 때 주님을 거부한 유대인들에게 적용할 수 있다. 5,6절은 예수님을 거부한 당시의 유대인들의 모습을 보여 주고, 특히 7절에서 왕이 그 살인자들을 죽인다는 것은 A.D. 70년의 예루살렘 파괴에 직접적으로 적용된다(마 21:41). 이 비유를 영적으로 본다면, 하나님께서 은혜의 복음으로 사람들을 "혼인 잔치"(어린양의 혼인식, 시 45편, 계 19:4-10)에 오라고 초청하실 때 나타나는 여러 가지 반응에 적용할 수 있다(5,6절).

『왕이 손님들을 보러 들어가서, 거기에 예복을 입지 않은 한 사람을 보고 그에게 말하기를 '친구여, 그대는 어찌하여 예복도 입지 않고 여기에 들어왔는가?'라고 하니, 그가 아무 말도 없었느니라. 그러자 왕이 종들에게 말하기를 '그 사람의 손과 발을 묶어서 데리고 나가 바깥 흑암에 내어 던지라. 거기서 울며 이를 갈고 있으리라.'고 하였느니라. 부름을 받은 사람들은 많아도 택함을 받은 사람들은 적으니라."고 하시니라』(11-14절).

살인자들의 성읍을 불살라 버린 왕은 자기 종들을 보내어 대로로 나가서 사람들을 만나는 대로 전부 혼인식에 청해 오라고 했고, 종들은 대로로 나가서 악하거나 선하거나 만나는 대로 다 불러와 그 혼인 잔치가 손님들로 가득 차게 되었다(8-10절). 그런데 왕이 손님들을 보러 들어갔더니 예복을 입지 않은 사람이 보였다. 예복을 입지 않은 자에게 "친구여"라고 하며 예복을 입지 않은 이유를 물었지만 묵묵부답이었다. 왕은 종들을 시켜 그 사람의 손과 발을 묶어 바깥 흑암에 던져서 거기서 울며 이를 갈고 있게 하라고 했는데, 이 모든 일에 관한 주님의 결론은 "부름을 받은 사람들은 많아도 택함을 받은 사람들은 적다."라는 것이었다.

알미니안주의자들은 이 비유를 교회 시대에 적용하는데, 비록 예수님을 구주로 영접했어도 마지막 심판 때 옷이 없으면 지옥에 버려진다고 가르친다. 이와 함께 인용하는 것이 요한계시록 16:15이다. 『**보라, 내가 도둑같이 오리니 깨어 있어 자기 옷을 지켜서 벗은 채로 다니지 아니하고, 사람들에게 자기 수치를 보이지 않는 자는 복이 있도다**』(계 16:15). 물론 이 구절은 마태복음 22장처럼 대환란 기간의 구원과 관련이 있으므로 알미니안주의자들의 주장은 틀렸다. 말하자면 8-14절은 "대환란 기간"에 일어날 일을 다루고 있다. 교회는 이미 휴거된 상태이며, 하나님 아버지께서 유대인들 중에서 아들의 혼인 잔치에 참여할 "손님들"을 모으시는 상황인 것이다. 손님들은 한 명이 아니라 여러 명이며, 마태복음 25장에서 "처녀들"(virgins)로 나타나고, 요한계시록 7장에서는 남자 동정들(virgins)인 144,000명으로 나타난다. 이들은 그리스도인들이 아니므로 교회가 환란을 통과한다는 교리는 성립될 수가 없다. 환란 성도들은 교회 시대와 달리 믿음과 행위로 구원받으며(계 12:17; 14:12), 환란 끝에 휴거된다(마 24:30,31, 계 14:1; 15:2). 그들은 그리스도의 몸인 교회 시대의 성도들과는 달리 행위로 끝까지 견디지 않으면 구원을 잃어버린다.

문제는 11절에 등장하는 "예복을 입지 않은 한 사람"이다. 그는 "손님"인 환란 성도가 아니라 예복을 입지 않은 불청객이다. 환란 성도들에게는 예복이 주어지는데(계 6:11; 7:9), 이 사람은 예복이 없었거나 예복을 잃어버렸다(계 16:15). 그러므로 그는 "성도"가 아니다. 그는 마태복음 25:30에 나와 있는 "쓸모없는 종"과 같은 운명에 처한다. 그러므로 그가 환란 성도라면 끝까지 견디지 않아서 구원을 잃어버린 사람이 되고, 만일 그가 환란 성도가 아닌 다른 누구라면 왕이 그를 부른 호칭에서 그의 정체를 알아낼 수 있다. 『**친구여, 그대는 어찌하여 예복도 입지 않고 여기에 들어왔는가?**』(12절) 여기서 "친구여"라는 말은 예수님께서 겟세마네에서 "유다 이스카리옷"에게 하셨던 말과 같다. 『**친구여, 네가 무슨 일로 여기 왔느냐?**』(마 26:50) 시편 55:13에서는 이 배반자를 "벗"이라고 말한다.

유다 이스카리옷은 대환란 때 "멸망의 아들"(요 17:12, 살후 2:3)로 다시 등장하게 되는데, "친구"라고 불린 이 자가 셋째 하늘의 혼인식에 예복 없이 나타난다는 것은, 그의 본질이 "사탄"이 육신을 입은 존재이기 때문에 사탄이 교회의 휴거 이후 어린양의 혼인식이 거행되는 동안 셋째 하늘에 나타날 것을 보여 준다. 마태복음 22장의 그 불청객은 "손과 발이 묶여"지는데, 요한계시록 20:1-3에서 사탄도 "묶여"지며, 이 일은 환란 끝에 있게 될 것이다. 또한 불청객이 바깥 흑암에 던져지듯이 사탄도 궁극적으로 불못에 던져지게 될 것이다(계 20:10). **따라서 예복을 입지 않은 사람은 대환란 중에 구원을 잃어버린 사람이거나 유다 이스카리옷일 가능성이 있다**.

"부름을 받은 사람들은 많아도 택함을 받은 사람들이 적다"(14절)는 것은 교회 시대도 마찬가지이다. 하나님께서 복음으로 구원의 길을 제시하셨을 때 복음을 받아들인 사람은 그리스도의 몸 안에(엡 1:4) 들어오게 되어 택함을 받지만, 구원으로의 부름을 받은 사람들 대부분은 복음을 거절하여 지옥에 던져지는 것이다.

세금에 대한 논쟁(15-22절)

『그러므로 선생님의 의견을 우리에게 말씀해 주소서. 카이사에게 세금을 내는 것이 옳으니이까, 옳지 아니하나이까?" 하니, 예수께서 그들의 사악함을 아시고 말씀하시기를 "너희 위선자들아, 어찌하여 너희가 나를 시험하느냐? 세금 내는 동전을 내게 보이라."고 하시니, 그

> 들이 데나리온 한 닢을 주께 가져오더라. 주께서 그들에게 말씀하시기를 "이 형상과 새겨진 글이 누구의 것이냐?"고 하시니 그들이 "카이사의 것이니이다."라고 주께 말씀드리자 주께서 그들에게 말씀하시기를 "그러면 카이사의 것은 카이사에게, 하나님의 것은 하나님께 바치라."고 하시더라. 그들이 이런 말씀을 듣고 놀라서 주를 떠나가더라』(17-22절).

유대인들이 로마제국에 내는 세금을 금하는 것은 식민 통치의 근간을 흔드는 것이기 때문에 매우 중대한 대역죄가 된다. 유대인인 예수님께서 이방인에게 세금을 내라고 하면 그 역시 이방인을 왕으로 삼지 말라는 모세의 율법을 어기는 것이 된다(신 17:14-20). 바리새인들은 바로 이 점에 착안하여 주님께 올가미를 씌우려고 했는데, **『그러므로 선생님의 의견을 우리에게 말씀해 주소서. 카이사에게 세금을 내는 것이 옳으니이까, 옳지 아니하나이까?』**(17절)라는 질문에는 바로 그런 흉계가 감추어져 있었던 것이다

하지만 주님은 그들보다 한 수 위에 계셨으니, 오히려 그들을 올무에 빠뜨릴 대답을 하신 것이다. **『"이 형상과 새겨진 글이 누구의 것이냐?"... 그들이 "카이사의 것이니이다."라고 주께 말씀드리자 주께서 그들에게 말씀하시기를 "그러면 카이사의 것은 카이사에게, 하나님의 것은 하나님께 바치라."고 하시더라』**(21절).

누가복음 20:20에서는 동일한 사건에 관한 그들의 음모가 더 구체적으로 제시되어 있는데, 그들이 주님을 주시하고 있다가 의인으로 가장한 정탐꾼을 보낸 목적은, 그들이 주님의 말씀을 책잡아서 총독의 권력과 권세에 주님을 넘겨주려는 데 있었다. 그들이 세금 문제를 통해 예수님을 시험한 것은, 종교적인 힘만으로는 주님을 대적할 수 없기에 정치적인 힘을 빌려 붙잡기 위함이었다. 그들은 주님께 역으로 당했으면서도, 이후 빌라도에게는 주님께서 카이사에게 세금 바치는 것을 금했다는 거짓 증거를 했으니(눅 23:2), 이를 통해 우리는 그

유대인들이 주님께 세금 납부 문제에 관해 질문했던 사악한 의도를 다시 한번 읽을 수 있는 것이다.

부활의 몸에 대한 논쟁(23-33절)

『그러므로 그들 모두가 그 여인을 취하였으니 부활 때에 그 여인은 일곱 가운데 누구의 아내가 되겠나이까?"라고 하니, 예수께서 대답하여 그들에게 말씀하시기를 "너희가 성경도, 하나님의 능력도 모르므로 오해하고 있도다. 부활 때에는 그들은 장가도 시집도 가지 아니하고 하늘에 있는 하나님의 천사들과 같으니라. 그러나 죽은 자들의 부활에 관하여 하나님께서 너희에게 말씀하신 것을 읽어 보지 못하였느냐? 말씀하시기를 '나는 아브라함의 하나님, 이삭의 하나님, 야곱의 하나님이라.' 하셨으니, 하나님은 죽은 자들의 하나님이 아니요, 산 자들의 하나님이시니라."고 하시더라. 무리가 이 말씀을 듣고 주의 교리에 놀라더라』(28-33절).

사두개인들은 부활도, 영도, 천사들도 믿지 않는 자유주의자들이다. 그러나 주님께서는 『**나는 아브라함의 하나님, 이삭의 하나님, 야곱의 하나님이라.**』(32절)라고 출애굽기 3:6을 인용하심으로써 아브라함과 이삭과 야곱이 부활할 것임을 말씀하셨다.

사두개인들은 부활 때에 모든 사람이 살아난다면 모세의 율법에 따라(신 25:5) 여러 명의 형제와 차례대로 결혼한 여자는 누구의 아내가 되겠느냐면서 예수님을 몰아세웠다. 예수님께서는 그들에게 『**너희가 성경도, 하나님의 능력도 모르므로 오해하고 있도다.**』(29절)라고 말씀하셨는데, 사두개인들의 잘못된 질문에 대한 예수님의 대답은 부활 때에는 결혼할 수 없으므로 지상에 있을 때의 혼인 관계는 무시된다는 것이었다. 『부활 때에는 그들은 장가도 시집도 가지 아니하고 하늘에 있는 하나님의 천사들과 같으니라』(30절). 즉 부활한 몸은 "하늘에 있는 하나님의 천사들과 같다"는 것인데, 흔히 부활한 몸을 "무성" 또는 "중성"이라고 생각하여 이 구절에서 천사들도 중성이라고 생각하지만, 천사를 가리키는 "ἄγγελος"(앙겔로스)라는 말도 남성명사고, 성경에서 천사가 등장할 때도 항상 "남성"으로 등장한다는 사실을 잊지 말아야 한다(창 18:1,5,10,15,16, 판 13:3,6,8,9,10,11,13,19, 히 13:2, 갈 4:14, 계 21:17, 눅 24:4,23). 문자 그대로 천사는 "남자"인 것이다.

남자인 천사는 생식 능력도 있다. 창세기 6장에 등장하는 "하나님의 아들들"(sons of God), 곧 천사들이 "거인들"을 낳았기 때문에 그 점은 성경적으로 증명된다. 구약에서 천사들은 종종 "하나님의 아들들"로 불리는데(욥 1:6) 구약에 나오는 "하나님의 아들들"은 모두 천사들이다. 그러므로 천사들은 생식할 수 있는 남성들이다. 요한복음 1:12과 요한일서 3:2은 신약의 그리스도인들을 가리켜서 『하나님의 아들들』이라고 부르고 있으며, 예수 그리스도께서 나타나시면 우리가 그분의 부활하신 몸과 같이 될 것이라고 말씀하고 있다. 우리의 부활한 몸은 주님의 부활하신 몸과 같게 될 것이고, 부활의 몸은 천사들과 같을 것이기 때문에 주님의 부활하신 몸 또한 천사들의 몸과 같다.

예수 그리스도의 부활하신 몸은 피가 없이 "살과 뼈"로 구성되어 있다(눅 24:39). 이 몸은 영광스러운 몸으로서 썩지 않을 뿐 아니라, 보이려고 하면 보일 수도 있고, 감추려고 하면 감출 수도 있으며, 때로는 벽도 뚫고 지나갈 수 있다(요 20:26). 예수 그리스도께서는 죽으셨을 때 서른세 살 반이셨으며, 또한 남성이셨다. 그러므로 우리도 부활할 때 그러한 영광스러운 몸으로 변할 것이며 서른세 살 반의 남성이 될 것이다. 비록 여자들일지라도 부활 때에는 완전한 남자의 몸을 입게 된다. 하늘에 있는 천사들이 결혼하지 못한다는 것은 온통 남자들뿐이기 때문인데, 이는 부활 때도 마찬가지이다. 천사들의 몸과 같이 된 남자들끼리 결혼할 수 없는 이상 성도들이 부활할 때 결혼할 수 없다는 것은 너무나 당연하다.

가장 위대한 계명과 가장 위대한 질문(34-46절)

이후 전개되는 내용은 바리새인들이 함께 모였을 때 일어난다(34,41절). 바리새인들은 주님께서 사두개인들을 조용하게 만드셨다는 말을 듣고 함께 모였는데, 그들 가운데 한 율법사가 주님을 시험하고자 주님께 질문하여 말씀드리기를 『**선생님, 율법 중에서 어느 계명이 크니이까?**』라고 하자, 예수님께서는 그에게 『**너는 네 마음을 다하고, 혼을 다하고, 생각을 다하여 주 너의 하나님을 사랑하라. 이것이 첫째며, 큰 계명이니라. 둘째는 이와 같으니, 네 이웃을 네 자신과 같이 사랑하라. 모든 율법과 선지서들이 이 두 계명에 달려 있느니라.**』고 말씀하셨다(34-40절, cf. 신 6:5, 레 19:18). 그들이 모여 있을 때 예수님께서는 역으로 그들에게 『**너희는 그리스도에 관하여 어떻게 생각하느냐, 그가 누구의 아들이냐?**』라고 질문하셨다. 바리새인들이 『**다윗의 아들이니이다.**』라고 대답하자, 주님은 시편 110:1을 예로 들어 『**그러면 어찌하여 다윗이 영 안에서 그를 주라 부르며 말하기를 '주께서 내 주께 말씀하시기를, 내가 네 원수들을 네 발판으로 삼을 때까지 너는 나의 오른편에 앉아 있으라.' 하였겠느냐? 그러므로 만일 다윗이 그를 주라 부른다면 어떻게 그가 다윗의 아들이 되겠느냐?**』라고 하셨고, 이에 주님께 단 한 마디도 대답할 수 있는 자가 없자, 그날부터는 더 이상 주님께 감히 묻는 자도 없었다(41-46절).

바리새인들이 『**다윗의 아들이니이다.**』(42절)라고 대답한 것은 적절한 대답이었다. 하지만 예수님께서 말씀하시는 것은 그들의 대답을 부정하시는 것이 아니라, 그리스도가 다윗의 아들일 뿐 아니라 하나님의 아들도 되신다는 것을 말씀하신 것이다. 예수님은 다윗의 계열을 통해 오신 다윗의 아들이었지만 다윗의 육신적인 씨는 아니었다. 다윗은 시편 110편에서 자기의 아들이 될 사람을 성령에 의해 (막 12:36) 『주』라고 불렀는데, 어떻게 다윗의 아들이 다윗의 『주』가 될 수 있는가? 이 질문에 대해 그들은 아무 대답도 하지 못했다(46절). 그러나 분명한 것은 다윗이 자기 자손 중의 하나를 『주』라고 부르는 것을 하나님께서 허락하셨다는 것이다. 만약 그가 다윗의 『주』라면 그는 또한 다윗의 "하나님"이시다. 그러므로 주님의 이 질문은 유대인의 메시아께서 다윗의 아들이 되시어 이 땅에 육신을 입고 "태어나실" 것이라는 사실을 설명해 준다. 그러나 이 사실은 항상 바리새인들에게 거부되어 왔기 때문에 그들은 아무 대답도 하지 못했다.

■ 새롭게 깨달았거나 적용할 내용이 있다면 적어 보세요. ■

제5과
복습문제

1. 왕의 아들의 혼인 잔치에 불청객으로 참석한 "예복을 입지 않은 한 사람"은 (　　　　)이 어린양의 혼인식이 거행되는 동안 셋째 하늘에 나타날 것을 보여 준다.

2. 유대인들이 로마제국에 내는 세금을 금하는 것은 (　　　　) 통치의 근간을 흔드는 것이기 때문에 매우 중대한 대역죄였다.

3. 바리새인들이 세금 문제를 통해 예수님을 시험한 것은 종교적 힘만으로는 주님을 대적할 수 없기에 (　　　　)적인 힘을 빌려 그분을 붙잡기 위함이었다.

4. 부활의 몸은 천사들과 같아서 (남성 , 중성)이다.

5. 다윗이 그의 자손 중 한 명으로 오실 예수님을 『주』라고 불렀다면, 그것은 예수님께서 다윗의 아들임과 동시에 다윗의 (　　　　)이심을 뜻한다.

■ 새롭게 깨달았거나 적용할 내용이 있다면 적어 보세요. ■

NOTES

제6과
저주받은 종교적 위선자들(23장)

『"위선자인 서기관들과 바리새인들아, 너희에게 화 있으리라! 이는 너희가 회칠한 무덤들과 같음이라. 그것들은 실로 겉으로는 아름답게 보이나 안에는 죽은 사람의 뼈와 모든 더러운 것으로 가득 차 있도다』(마 23:27).

위선자인 서기관들과 바리새인들

구약 시대에는 하나님께서 보내시지 않은 거짓 선지자들이 있었는데(벧후 2:1), 그것은 예수님의 초림 때도 마찬가지였다. 십자가 이전의 상황은 여전히 구약 시대였으며, 그때에도 어김없이 거짓 선지자들이 주님의 종 행세를 했다. 그들이 바로 위선자인 서기관들과 바리새인들이었다. 그들은 예수님의 지상 생애 동안 가장 신랄하게 주님을 비판한 자들이었으며, 그들에 대해서는 마태복음 6장에서 "위선자"라고 말해진 뒤부터 계속된 경고가 따르고 있다. 주님은 23장에서 그들의 위선을 조목조목 비평하시며 그들을 정죄하신다.

종교적 위선자들의 모순과 좋아하는 칭호들(1-12절)

『그때에 예수께서 무리와 제자들에게 일러 말씀하시기를 "서기관들과 바리새인들이 모세의 자리에 앉아 있으니, 그들이 너희에게 지키라고 한 모든 것을 지키고 행하라. 그러나 그들의 행위는 본받지 말라. 이는 그들이 말만 하고 행하지 않음이라』(1-3절).

예수님께서는 주님을 대적하는 서기관들과 바리새인들이 "모세의 자리"에 앉아 있다고 말씀하신다. 그들이 앉아 있던 모세의 자리는 "권위의 자리"였는데(출

18:13,14), 그들은 모세처럼 백성에게 권위 있게 지시하지만, 그 권위는 하나님께서 인정하시지 않은 권위였다. **그런데도 주님께서는 그들이 모세의 자리에 앉아 있는 동안은 그들의 말을 들으라고 하셨는데, 이는 그들의 지시가 "옳은 말"이기 때문이며, 다만 말만 하고 행하지 않는 그들의 위선은 본받지 말라고 하셨다**. 주님께서는 말만 하고 행하지 않는 위선을 정죄하신다. 『**이는 그들이 지기 힘든 무거운 짐을 묶어서 사람들의 어깨에 지워 놓고, 자기들은 그것을 옮기는 데 손가락 하나도 대려고 하지 아니함이라**』(4절). 거짓 선지자의 특징 중 하나는 사람들에게 짐을 지운다는 것이다. 바리새인들은 율법의 항목들을 세분화시켜 백성에게 큰 짐을 지웠다. 짐을 많이 질수록 천국에 이르는 길은 더욱 험난해졌다. 베드로도 이러한 상황에 대해 『**그런데 이제 너희가 어찌하여 하나님을 시험하여 우리의 조상이나 우리도 감당할 수 없었던 멍에를 제자들의 목에 걸려고 하느냐?**』(행 15:10)라고 했다(바리새파에 속한 몇 사람이 구원받은 이방인들에게 할례를 주어야 한다고 했을 때, 행 15:5). 지금도 행위로 구원을 받으라고 가르치는 종교 지도자들은 구원을 더욱 어렵게 만든다. 그런 거짓 선지자들은 백성에게 짐을 지우지만, 주님께서는 짐을 풀어 주신다. 『**수고하고 무거운 짐진 자들아, 다 내게로 오라. 그러면 내가 너희에게 쉼을 주리라**』(마 11:28). 거짓 교사들과 참 교사들의 차이점 중 하나는 "짐을 지우느냐, 쉼을 주느냐"에 있다.

종교적 위선자들이 가죽 성구함을 만들어(5절) 그곳에 말씀을 보관한 것은 말씀을 닫아 버리는 행위였다. 하나님의 말씀은 함에 넣어서 보관하지 말고 꺼내서 닳고 닳도록 읽어야 한다. 또한 그들이 옷단을 넓혀 입은 것은(5절) 권위를 드러내 보이려는 행위였다. 이 부분에 대해 마가복음 12:38에서는 『**그들은 긴 옷을 입고 다니기를 좋아하며**』라는 말이 덧붙여져 있다. "긴 옷" 또한 권위를 나타내는 것인데, 이것은 "성직자 계급"을 상징한다. 이것은 로마카톨릭의 사제들과 개신교의 목사들이 입는 "긴 가운"에 반영되어 있다. 주님은 자신이 권위 있는 성직자임을 옷 입는 외모로 과시하던 자들을 정죄하셨다.

『또 잔치에서는 최상의 자리를, 회당에서는 가장 좋은 좌석을 좋아하며, 또 시장에서 인사받는 것과 사람들에게 '랍비여, 랍비여.'라고 불리는 것을 좋아하느니라. 그러나 너희는 랍비라 불림을 받지 말라. 이는 너희 선생은 한 분, 곧 그리스도시요, 너희는 모두 형제이기 때문이라. 또 땅에 있는 사람을 너희 아버지라 부르지 말라. 이는 너희 아버지는 한 분, 곧 하늘에 계신 분이시기 때문이라. 또 너희는 선생들이라고도 불리지 말라. 이는 너희 선생은 한 분, 곧 그리스도기 때문이라. 너희 가운데서 가장 큰 자는 너희의 종이 되어야 하리라. 누구든지 자신을 높이는 자는 낮아질 것이요, 자신을 낮추는 자는 높아지리라』(6-12절).

최상의 자리와 가장 좋은 좌석 그리고 시장에서 인사받는 것 등은 탐심과 명예욕과 관계된다. 종교적 위선자들은 항상 대접받기를 좋아하고 지도자층에 있기를 좋아한다. 참 목자로 오신 예수님께서는 섬기기 위해 오셨지만(마 20:28), 백성 위에 군림하려고 하는 거짓 목자들은 항상 섬김을 받으려고 한다. 『**이방인들의 통치자들이 백성 위에 군림하고 또 고관들도 백성 위에서 권세를 행사하는 줄을 너희가 아느니라. 그렇지만 너희는 그렇게 되어서는 아니되느니라. 너희 가운데 누구든지 크게 되고자 하는 자는 너희를 섬기는 자가 되어야 하고 너희 중에 누구든지 으뜸이 되고자 하는 자는 너희의 종이 되어야 하느니라**』(마 20:25-27).

예수님께서는 위선적인 종교지도자들이 좋아하는 세 가지 명칭에 대해 금지하셨는데, 그것은 "랍비"와 "선생"과 "아버지"이다. 이 세 호칭이 초림 당시의 종교지도자들에게 사용될 때 문제가 되었다.

"랍비"는 유대교에서 그들의 종교지도자들을 부르는 말이다. 그러나 예수님께서는 당시의 가장 유력한 두 지도자 집단인 바리새인과 서기관들을 위선자라고 부르셨다. "아버지"는 인간 아버지를 말하는 것이 아니라 종교지도자를 가리키는 표현이다. 이는 로마카톨릭에서 사제를 부를 때 "아버지"(Father)라고 하는 것과 같은데, 사제를 아버지라고 부르는 관습은 바빌론 신비 종교에서 유래했다. 이와 연관된 내용이 재판관기 17:10에 등장한다. 『**미카가 그에게 말하기를 "나와 함께 있어 내게 아버지와 제사장이 되라. 그리하면 내가 해마다 은 열 세켈과 옷 한 벌과 네 양식을 주리라." 하니 그 레위인이 들어가더라.**』 재판관기 18:19에서는 단 지파가 종교지도자를 "아버지"라고 부른다. 그리고 바빌론 신비 종교의 전통을 따르는 로마카톨릭이 그들의 종교지도자를 "아버지"라고 부른다(교황 = Pope, 아버지). 주님께서는 이것을 금지하셨다! "<u>선생</u>"은 사람들에게 존경받기를 좋아하는 학자 집단에서 선호하는 말이다. 주님께서는 그리스도만이 선생이라고 가르치셨으며, 오히려 선생의 입장에 서게 되는 자는 겸손해야 한다고 누차 강조하셨다(마 20:27; 23:12, 약 3:1, 벧전 5:2,3).

종교적 위선자들의 거짓 경건(13-22절)

『그러나 위선자인 서기관들과 바리새인들아, 너희에게 화가 있으리라! 이는 너희가 사람들에게 천국을 닫아 버려서 너희 자신도 들어가지 않고 들어가려고 하는 사람들도 들어가지 못하게 하기 때문이라. 위선자인 서기관들과 바리새인들아, 너희에게 화 있으리라! 이는 너희들이 과부들의 집을 삼키며 남들에게 보이고자 길게 기도하기 때문이라. 그러므로 너희는 더 큰 심판을 받으리라. 위선자인 서기관들과 바리새인들아, 너희에게 화 있으리라! 이는 너희가 한 사람의 개종자를 얻으려고 바다와 육지를 두루 다니다가 얻고 나면 그를 너희보다 두 배나 더 악한 지옥의 자식으로 만들기 때문이라』(13-15절).

12절까지는 제자들에게 주의를 주시는 부분이고, 13절부터는 방향을 바꾸어 바리새인들과 서기관들에게 직접적으로 경고하신다. 여기서 우리는 "온유한 나사렛 사람"의 모습을 찾아볼 수 없는데, 이는 그분께서 강력하게 거짓 교사들을 책망하셨기 때문이다. 이것은 오늘날 설교자들이 본받아야 할 예수님의 중요한 성품이다. 주님은 온 세상을 구원하시기 위해 목숨을 버리실 정도로 사랑이 많으신 분이시지만, 죄에 대해서만큼은 철저하게 증오하며 경고하셨다. 예수님은 죄를 지적하실 때 과격하실 정도로 말씀하셨다. 사랑의 예수님께서는 『**불의를 기뻐하지 아니하며 진리를 기뻐**』하셨다(고전 13:6). 참다운 사랑은 진리를 기뻐함과 동시에 불의를 미워하는 것이다. 이것은 성경대로 믿는 사람들의 특성이다.

<u>**23장 전체에서 "위선자"라는 표현은 일곱 번(13,14,15,23,25,27,29절), "화 있으리라"라는 표현은 여덟 번 나온다(13,14,15,16,23,25,27,29절)**</u>. 그리고 이 표현들은 모두 바리새인들과 서기관들을 향한 경고이다. 주님께서 위선자인 서기관들과 바리새인들에게 지적하신 그들의 죄들은 다음과 같다.

『**그러나 위선자인 서기관들과 바리새인들아, 너희에게 화가 있으리라! 이는 너희가 사람들에게 천국을 닫아 버려서 너희 자신도 들어가지 않고 들어가려고 하는 사람들도 들어가지 못하게 하기 때문이라**』(13절). <u>**서기관들과 바리새인들은 유대인들의 왕으로 오신 "다윗의 아들"(마 9:27; 12:23; 15:22; 20:30; 21:9,15)의 권위 있는 가르침을 듣고서도(마 7:29, 전 8:4) 그들 자신이 주님을 왕으로 받아들이지 않았을 뿐만 아니라 백성들이 그렇게 하는 것을 막았다**</u>. 천국을 닫아 버리는 바리새인들의 태도는 다음 구절들에서 읽을 수 있다. 『**관원들이나 바리새인들 가운데 어느 누가 그를 믿은 적이 있느냐?**』(요 7:48). 『**그의 부모가 이렇게 말한 것은 그들이 유대인들을 두려워하기 때문이더라. 이는 유대인들이 만일 누구라도 그를 그리스도라고 시인하면 그 사람을 회당에서 출회시키기로 이미 결의해 놓았기 때문이라**』(요 9:22). 『**그러나 선임 제사장들과 장로들이 무리를 설득하여**

바라바를 원하고 예수를 죽이게 하라고 하니』(마 27:20).

『위선자인 서기관들과 바리새인들아, 너희에게 화 있으리라! 이는 너희들이 과부들의 집을 삼키며 남들에게 보이고자 길게 기도하기 때문이라. 그러므로 너희는 더 큰 심판을 받으리라』(14절). **서기관들과 바리새인들은 가난한 과부들에게서 종교적 명목으로 돈을 뜯어내고 그런 사람들 앞에서 경건한 척 길게 기도하는 점에 대해 정죄를 받았다.** 길게 기도하는 것은 바리새인들의 특성이자 이교도들의 특성이다. **『너희는 기도할 때에 이교도들이 하는 것처럼 헛된 반복을 하지 말라. 이는 그들이 말을 많이 하여야 들으리라 생각함이라』**(마 6:7). 바리새인들은 남들에게 보이려고 길게 기도했는데, 주님은 이런 기도를 위선자의 기도라고 하셨다. **『또 네가 기도할 때에 위선자들같이 되지 말라. 그들은 사람들에게 보이려고 회당과 길모퉁이에 서서 기도하기를 좋아하느니라. 진실로 내가 너희에게 말하노니, 그들은 그들의 상을 받은 것이니라』**(마 6:5).

『위선자인 서기관들과 바리새인들아, 너희에게 화 있으리라! 이는 너희가 한 사람의 개종자를 얻으려고 바다와 육지를 두루 다니다가 얻고 나면 그를 너희보다 두 배나 더 악한 지옥의 자식으로 만들기 때문이라』(15절). **서기관들과 바리새인들은 "선교"의 명목으로 육지와 바다를 두루 다니지만 한 사람의 개종자를 얻으면 그들보다 두 배나 더 악한 지옥의 자식으로 만들었다.**

성경대로 믿는 사람들이 전 세계를 누비며 복음을 전하고 있을 때, 로마카톨릭도 그들의 개종자를 만들기 위해 바다와 육지를 두루 다녔다. 그들은 그것을 "선교"라고 부르지만, 그것은 지옥의 자식들을 만들기 위해 찾아다닌 것에 불과하다. 캔터베리의 어거스틴도 선교사였다. 그 역시 개종자를 얻으려고 육지와 바다를 두루 다니며 브리튼 섬(영국)에 이르렀지만, 거기에 있던 성경대로 믿는 사람들을 죽이고 로마 카톨릭으로 개종시켰다. 대부분의 사람은 그 일로 이교도들이 "복음화되었다" 고 말하지만 실은 자기보다 더 악한 지옥의 자식들을 그 땅에서 키웠을 뿐이다. 루터의 종교개혁 물결이 온 유럽을 휩쓸었을 때 이그나티우스 로욜라는 반종교개혁(Counter-Reformation)을 일으키고 그가 키운 지옥의 자식들인 예수회(Jesuits)는 육지와 바다를 두루 다니며 라틴 아메리카에 이르렀다. 그리고 그들은 자기들보다 더 악한 지옥의 자식들을 배출해 냈으니, 이처럼 로마 카톨릭은 많은 부분에서 바리새인들을 닮았다. 그들이 키운 예수회, 콜럼버스 기사단 등은 더 악한 지옥의 자식들인 것이다.

서기관들과 바리새인들은 성전보다 금을 더 크게 여기고, 제단보다 제단의 제물을 더 크게 여김으로써 성전과 제단과 하늘의 본질적인 가치를 약화시켰다(16-22절). 주님께서는 서기관들과 바리새인들을 가리켜 "눈먼 안내자들"(16,24절), "눈먼 자들"(17,19절)이라고 하셨다. 마태복음 15:14에서는 그들을 가리켜 『**그들은 소경이 되어 소경을 인도하는 자들이라. 소경이 소경을 인도하면, 둘 다 구덩이에 빠지리라.**』라고 말씀하셨는데, 이것은 바로 그들을 향한 경고였다. 그들은 자신들이 영적 소경이라는 것을 부인했지만(요 9:40,41), 그들에게 비친 빛을 전혀 깨닫지 못하는(요 1:5) "소경"이었을 뿐이다. 이 점이 바로 그들이 어두움의 자식들이라는 증거이며, 그들 자신만 지옥에 가는 것이 아니라 그들을 따르는 백성들도 소경이 되게 하여 지옥에 가게 하고 있었다. 영적 지도자의 자격이 없는 자들이 지도자가 되었을 때 소경이 소경을 인도하여 함께 구덩이에 빠지는 일이 일어나는 것이다.

서기관들과 바리새인들의 오류는 성전보다 금을 더 크게 여기고, 제단보다 제단의 제물을 더 크게 여기는 데 있었다. 그들은 그런 상식적인 것도 분별할 수 없었기에 주님께 눈먼 소경이라는 책망을 들었던 것이다. 그들의 오류는 그들의 "탐심"에서 비롯되었다. 성전의 기명들을 만드는 데 쓰인 금과 제단 위의 제물처럼 손에 쥘 수 있는 것들에 더 큰 관심을 가졌기 때문에 그것들을 더 크게 여긴 것이다. 다시 말해 그들은 자신들의 배를 섬기는 자들이며(롬 16:18), 그들의 하나님은 그들의 배였다(빌 3:19). 예수 그리스도께서는 재물과 하나님을 동시에 섬길 수 없다고 말씀하셨다(마 6:24).

주님께서는 제단으로 맹세하는 것이 제단과 그 위에 있는 모든 것으로 맹세하는 것이고, 성전으로 맹세하는 것이 성전과 그 안에 거하시는 분으로 맹세하는 것이며, 하늘로 맹세하는 것이 하나님의 보좌와 또 그 위에 앉아 계신 분으로 맹세하는 것이라고 하심으로써(20-22절), 제물과 금에 탐심을 부려 그것을 더 거룩하게 여긴 위선자들을 책망하셨다.

위선자들이 실행한 종교적 의식들(23-28절)

『이와 같이 너희도 겉으로는 사람들에게 의롭게 보이나 속에는 위선과 불법으로 가득 차 있도다』(28절).

서기관들과 바리새인들은 십일조는 바치면서 율법과 공의와 자비와 믿음의 더 중요한 것을 빠뜨리는 것이 마치 하루살이는 걸러내고 낙타는 삼키는 것과 같은 일이라는 책망을 들었다(23,24절). 또 잔과 접시의 겉은 깨끗하게 하나 속은 약탈과 방탕으로 가득 차 있는 죄(25절), 회칠한 무덤들과 같아서 겉으로는 아름답게

(의롭게) 보이나 안에는 죽은 사람의 뼈와 모든 더러운 것으로(위선과 불법으로) 가득 찬 죄를 책망받았다(27,28절). <u>주님께서 지적하신 것은, 그들이 낙타같이 중요한 문제들에 대해서는 간과하여 넘어가 버리고 하루살이같이 작은 문제들에 대해서는 긴장하고 집착하는 태도와(23,24절) 겉은 깨끗하게 보여도 속은 더러운 위선이었다(25-28절)</u>.

위선자들에게 지옥의 저주를 퍼부으시다(29-39절)

『오 예루살렘아, 예루살렘아, 선지자들을 죽이며 너에게 보낸 사람들을 돌로 치는 자야, 마치 암탉이 자기 병아리들을 날개 아래 함께 모으듯이 내가 얼마나 자주 네 자녀들을 모으려고 하였더냐? 그러나 너희가 원치 아니하였도다! 보라, 너희 집이 황폐하여 버린 바 되리라. 내가 너희에게 말하노니, 이제부터 너희가 '주의 이름으로 오시는 이는 복이 있도다.'라고 말할 때까지 나를 보지 못하리라."고 하시더라』(37-39절).

<u>주님은 마치 자신들은 선지자들의 피를 흘리지 않는 것처럼 선지자들의 묘를 세우고 의인들의 묘를 꾸미는 『뱀들... 독사들의 세대』에게 그들 자신의 분량을 채우라며 지옥의 저주를 퍼부으셨다(29-33절)</u>. 주님 보시기에 그들 역시 주님께서 보내실 선지자들과 지혜 있는 자들과 서기관들을 죽이고 십자가에 못 박고 회당에서 채찍질하고 이 성읍에서 저 성읍으로 쫓아다니며 박해할 것인즉, 그 결과 의인 아벨의 피로부터 그들이 성전과 제단 사이에서 죽인 바라키아의 아들 사가

랴의 피까지(대하 24:20-22) 땅에 쏟아진 의로운 모든 피가 그들 위로 돌아올 것이며, 그 모든 것이 그 세대에 임할 것이라고 경고하신 것이다(34-36절).

주님께서는 바리새인들과 서기관들을 옛 의인들을 박해했던 자들의 자손으로 취급하시며 그들의 손에서 그 조상들의 핏값을 묻고 계신다. 그래서 주님은 그들, 곧 그 "회칠한 무덤" 속에 그들이 죽인 의인들의 뼈가 가득 찼다고 말씀하셨다. 사실 그들은 어떻게 하면 예수님을 죽일 수 있을까 하고 기회를 엿보고 있었기 때문에, 그들은 마음속에 의로운 분이신 예수 그리스도의 뼈마저 품고 있었던 것이다.

주님께서는 그들에게 조상들이 행한 죄악의 분량을 채우라고 말씀하셨는데, 『분량을 채우라.』(32절)는 말씀은 분량이 차는 즉시 진노의 심판을 내리시겠다는 뜻이다. 유대인들은 구약 시대에 흘린 모든 의인의 피로 말미암아 이미 포화 상태였다. 마지막 한 방울의 피만 흘려지면 그들은 그 가득 찬 분량으로 심판을 받는다. 그리고 그 마지막 선지자의 피는 예수 그리스도의 피였다. **하나님은 그들의 죄악이 가득 차기를 기다리셨는데, 성경에서 분량을 채운다는 말은 죄가 거의 가득 차서 심판이 임박했다는 것을 보여 준다**. 이스라엘이 출애굽하여 카나안 땅을 정복한 것은 팔레스타인 땅에 살던 백성들의 죄악이 가득 찼을 때였다(창 15:16). 바울은 유대인들이 예수님과 복음을 대적함으로써 그들의 죄를 채운다고 말했다(살전 2:15,16). 하나님께서는 이방인들의 죄가 가득 찼을 때 이스라엘을 통해 그들을 진멸시키셨고, 이스라엘의 죄가 가득 찼을 때 그들을 이방 가운데로 흩으셨다. 앞으로 이방인들의 죄가 가득 차면 이방인들을 줄기에서 잘라 심판하시고 참 올리브나무 가지인 유대인들은 원래의 줄기에 붙이실 것이라고 말씀하신다. **『형제들아, 너희가 스스로 지혜 있는 체하지 않게 하기 위하여 이 신비를 너희가 모르기를 내가 원치 아니하노니 이는 이방인들의 충만함이 차기까지는 이스라엘의 일부가 완고하게 된 것이라』**(롬 11:25).

『오 예루살렘아, 예루살렘아, 선지자들을 죽이며 너에게 보낸 사람들을 돌로

치는 자야, 마치 암탉이 자기 병아리들을 날개 아래 함께 모으듯이 내가 얼마나 자주 네 자녀들을 모으려고 하였더냐? 그러나 너희가 원치 아니하였도다!』(37절)라는 말씀에서 보듯이 주님의 원래 의도는 그들을 모으는 것이었다. 주님은 그들을 구원하기 원하셨지만(사 48:14-17) 그들이 원치 않았기 때문에(요 5:40), 결국 『**보라, 너희 집이 황폐하여 버린 바 되리라.**』(38절)라는 말씀을 듣게 되었다. **『너희 집』은 "이스라엘 집," 곧 이스라엘 민족을 말하지만, 주님께서 그 뒤로 성전에서 떠나셨기 때문에(마 24:1) 이 저주는 성전이 버림당할 것을 의미하기도 한다.** 성전의 황폐화는 역사적으로 A.D. 70년에 로마 군대에 의해 성취되었다. 이 사건은 대환란 때 반복될 것이며, 그것이 본문의 "교리적인 적용"이다. 이 구절은 24장의 종말에 관한 설교와 연결되는데, 예루살렘의 황폐에 관한 저주는 A.D. 70년에 적용되지만, 교리적으로는 여전히 미래의 대환란에 적용된다(마 24:2).

주님께서는 이스라엘 민족과 성전의 황폐화를 선언하신 뒤 『**내가 너희에게 말하노니, 이제부터 너희가 '주의 이름으로 오시는 이는 복이 있도다.'라고 말할 때까지 나를 보지 못하리라.**』(39절)라고 하셨다. 그들은 주님의 예루살렘 입성 때(마 21:9) 위의 말을 하면서 그들의 왕을 맞이했지만, 결국 다시 거부함으로써 주님을 뵙지 못하게 되었고, 미래의 대환란 끝에 가서야 비로소 『**주의 이름으로 오시는 이는 복이 있도다.**』(39절)라고 다시 말함으로써 주님을 뵙게 될 것이다.

▪ 새롭게 깨달았거나 적용할 내용이 있다면 적어 보세요. ▪

제6과
복습문제

1. 초림 당시 하나님의 종 행세를 했던 거짓 선지자들은 예수 그리스도께서 위선자들이라고 책망하신 (   )들과 (   )들이었다.

2. 초림 당시의 종교적 위선자들은 (   )의 자리에 앉아 백성들에게 지시했다.

3. 예수님께서 금지한 위선적인 종교지도자들의 세 가지 명칭은 "랍비"와 "선생"과 (   )이다. (   )라는 호칭은 종교지도자들을 그렇게 부를 때 문제가 되었다.

4. 초림 당시의 종교지도자들은 백성들에게서 (   )을 닫고, (   )들의 집을 삼키며 남들에게 보이고자 (   ) 기도하고, 한 사람의 개종자들을 얻으면 그들보다 두 배나 더 악한 (   )의 자식으로 만들었다.

5. 종교적 위선자들이 성전보다 그곳의 금을 더 크게 여기고 제단보다 제단의 제물을 더 크게 여긴 것은 그들의 (   )에서 비롯되었다.

6. 주님께서 종교적 위선자들에게 그들의 분량을 채우라고 하신 것은 그들의 (   )의 분량이 차면 심판하시겠다는 뜻이었다.

■ 새롭게 깨달았거나 적용할 내용이 있다면 적어 보세요. ■

NOTES

복습 문제 정답

제1과

1. 천국
2. X
3. 이스라엘
4. 이교도, 세리
5. X

제2과

1. 죽음, 간음
2. X
3. 탐심
4. 하나님
5. 새 세대

제3과

1. 이스라엘, 이스라엘
2. 거부
3. 신실함
4. 모세, 엘리야; 모세, 엘리야
5. X
6. O
7. O

제4과

1. 재림
2. 9, 9, 재림
3. O
4. 의
5. 하나님

제5과

1. 사탄
2. 식민 통치
3. 정치적인
4. 남성
5. 하나님

제6과

1. 서기관, 바리새인
2. 모세
3. 아버지
4. 천국, 과부들, 길게, 지옥
5. 탐심
6. 죄악

< 추 천 도 서 >

마태복음

피터 S. 럭크만 지음 / 748쪽

35,000원(eBook 24,500원)

마태복음은 교회와 교회 시대를 대상으로 기록된 책이 아니라, 유대인과 왕국을 겨냥하여 기록된 책이다.

열린 성경 닫힌 마음

이송오 목사 지음 / 220쪽

9,000원(eBook 6,300원)

이 책은 성경에 대해 닫혀 있는 눈과 마음을 뜨게 하여, 성경을 왜 나누어서 공부해야 하고 어떻게 나누어 볼 수 있는지 알게 한다.

하나님의 나라와 천국

피터 S. 럭크만 지음 / 258쪽

12,000원(eBook 8,400원)

본서는 천국(Kingdom of Heaven)과 하나님의 나라(Kingdom of God)를 구분하여 정확하게 알려준다.

세대적 진리

클라렌스 라킨 지음 / 322쪽 / 32,000원

1920년에 출간된 이 책은 세대주의 연구의 기초가 되는 책으로 클라렌스 라킨의 역작이며, 성경을 연구하는 모든 그리스도인들의 필독서이다.

솔로몬 성경공부 시리즈

마 태 복 음

제4권 천국에 들어갈 수 없는 사람들(18-23장)

초판인쇄 2025년 10월 15일
초판발행 2025년 10월 17일
지 은 이 / 편 집 부
발 행 인 / 박 승 용
발 행 처 / 말씀보존학회
출판등록 / 제409-2022-000036호
주 소 / 서울 강서우체국 사서함 제90호
전 화 / (02) 2665 - 3743
팩 스 / (02) 2665 - 3302
인 터 넷 / www.biblemaster.co.kr

잘못된 책은 바꿔 드립니다.

값 10,000 원